AF593065

POUR APPRENDRE A COUPER

LA CONFECTION DE DAMES

CORSAGES DE ROBES & JUPES

ORNÉE DE 180 PLANCHES

Dessinées par l'Auteur

PRÉCÉDÉE D'UN SYSTÈME DE COUPE SPÉCIAL

Pour Fillettes et Petits Garçons

PAR TEYSSIER EUGÈNE

Rue du Battoir, N°. 9

PARIS

Coupeur ayant exercé dans les Maisons de 1er. Ordre de Paris

ADMISE A L'EXPOSITION 1878.

MÉTHODE

POUR APPRENDRE A COUPER
LA CONFECTION DE DAMES
CORSAGES DE ROBES & JUPES

ORNÉE DE 180 PLANCHES

Dessinées par l'Auteur

PRÉCÉDÉE D'UN SYSTÈME DE COUPE SPÉCIAL

Pour Fillettes et Petits Garçons

PAR TEYSSIER EUGÈNE

Rue du Battoir, N°. 9

PARIS

Coupeur ayant exercé dans les Maisons de 1er. Ordre de Paris

ADMISE A L'EXPOSITION 1878.

IMP. WOLFF & Cie 56. R. J.J. ROUSSEAU. PARIS.

AVANT-PROPOS

Le but que je me propose en créant cette Méthode, c'est de faire apprendre à couper des patrons de corsages de robes ou confections' quelle que soit la forme,

Et cela par des combinaisons simples et faciles à exécuter.

En théorie notre système paraît plus compliqué qu'il ne l'est en pratique. En ce sens, qu'en démontrant un principe par théorie, on est obligé de passer par les détails les plus minutieux pour bien se faire comprendre ;

Au lieu qu'en pratique on peut abréger bien des détails sans que l'aplomb de la coupe en souffre.

Mais il est un fait que nous pouvons affirmer c'est que toutes les fois qu'on suivra régulièrement nos instructions on est certain d'obtenir une coupe juste et allant très-bien, pour toutes les tailles que l'on désirera faire.

Nous avons joint à cette Méthode un système pour apprendre à couper le costume d'enfant, petite fille et petit garçon.

Enfin, nous ferons en sorte de ne rien négliger dans cet ouvrage, de tout ce qui est relatif à la confection pour dames et enfants, afin d'être agréable aux personnes qui nous feront l'honneur de suivre notre principe.

Ceci dit, nous nous mettons à l'œuvre, en commençant par les mesures.

DES MESURES

Il y a deux sortes de mesures, les longueurs et les grosseurs; les longueurs se comptent en totalité, et les grosseurs par 1/2, c'est-à-dire au lieu de dire grosseur 96, on dit 48, grosseur sous les bras, 35 au lieu de 70, grosseur de ceinture, etc. Ceci a pour but d'abréger le calcul dans le tracé.

On écrit toujours les mesures, dans le sens horizontal, et toujours dans le même ordre, afin de s'éviter d'écrire le nom de chaque mesure.

EXEMPLE :

1 LONGUEUR DE LA TAILLE	2 LONGUEUR TOTALE	3 ÉCARURE	4 LONGUEUR DE LA MANCHE AU COUDE
38	60	20	32
5 LONGUEUR TOTALE DE LA MANCHE	6 GROSSEUR SOUS LES BRAS	7 GROSSEUR DE LA TAILLE	8 LARGEUR DE POITRINE
58	48	35	23
9 HAUTEUR DE LA GORGE	10 LONGUEUR DU DEVANT	11 HAUTEUR DU PETIT CÔTÉ	12 ENCOLURE
36	42	16	40

Cet exemple prouve qu'on peut s'habituer facilement à écrire les mesures en chiffres, sans y ajouter le nom, pour éviter de perdre du temps. Si on supposait que la mémoire fasse défaut, les mesures étant bien prises par l'ordre indiqué, on pourrait à chaque mesure prise y superposer le numéro d'ordre, comme le démontre l'exemple précédent.

On doit surtout s'appliquer à bien prendre les mesures, car c'est un des éléments le plus essentiel pour bien couper. C'est pourquoi nous avons fait un tableau ci-après, avec des mesures proportionnées pour que l'on s'habitue à de bonnes proportions. Nous avons outre cela, cherché les moyens pour créer des mesures lorsqu'il en manque, ou de les comparer si on les suppose fausses.

A B	1................	Longueur de taille.
B C	2................	Longueur totale.
D E	3................	Carure.
E F	4................	Longueur de manche, jusqu'au coude.
F G	5................	Longueur totale de la manche.
D H	6................	Grosseur de dessous les bras.
B K	7................	Grosseur de taille.
H I	8................	Largeur de poitrine.
A N	9................	Hauteur de la gorge.
N K	10................	Longueur du devant.
O L	11................	Hauteur du petit côté.
J A	12................	Encolure.

Fig.1.

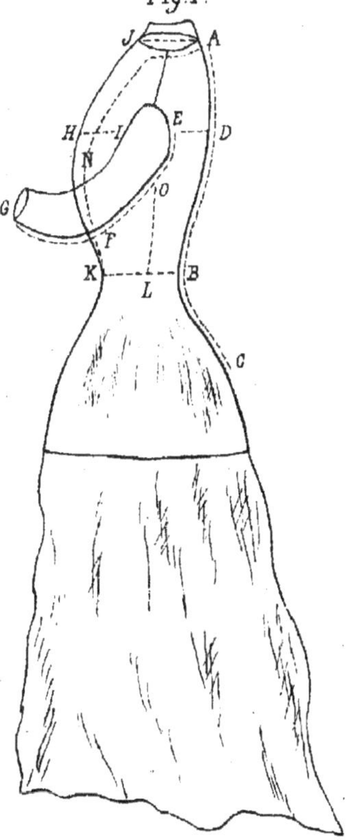

Buste pour s'exercer à prendre les mesures.

TABLEAU DES MESURES CHOISIES SUR DE BONNES PROPORTIONS

GROSSEUR SOUS LES BRAS		LONGUEUR DE LA TAILLE	LONGUEUR TOTALE	CARRURE	LONGUEUR DE MANCHE AU COUDE	LONGUEUR TOTALE DE LA MANCHE	GROSSEUR SOUS LES BRAS	GROSSEUR DE TAILLE	LARGEUR DE POITRINE	HAUTEUR DE LA GORGE	LONGUEUR DE DEVANT	HAUTEUR DU PETIT CÔTÉ	ENCOLURE
		1	2	3	4	5	6	7	8	9	10	11	12
30		22	40	11	15	30	30	26	12	9	9	14	34
32		24	40	12	16	32	32	28	13	10	10	14	38
34		26	42	13	18	36	34	30	13	11	11	15	40
36		28	42	14	20	38	36	31	14	12	12	16	41
38		30	44	15	22	44	38	32	15	13	13	17	41
40		34	46	16	24	48	40	33	16	14	14	18	42
42		36	50	17	26	50	42	33	17	14	14	18	42
44		36	55	18	28	54	44	34	19	15	15	19	43
46		38	60	19	30	56	46	35	21	15	15	19	43
48		38	60	20	31	56	48	35	23	16	16	20	44
50		39	62	20	31	58	50	38	23	16	16	20	44
52		39	62	20	32	60	52	40	24	17	17	21	46
54		39	63	21	32	62	54	42	24	17	17	21	46
56		40	63	22	33	63	56	44	25	18	18	22	47
58		40	64	22	33	64	58	46	25	18	18	22	48
60		42	64	23	34	64	60	48	26	19	19	23	48

Nous avons placé, à la gauche de ce tableau, à la première colonne, les mesures de demi-grosseur sous les bras, afin que l'on se rende compte des proportions qui en dérivent, par les mesures qui se trouvent en parallèle. Mais la mesure de demi-grosseur reprend son rang à la sixième colonne.

BASE FONDAMENTALE

DE L'ANCIEN PRINCIPE

L'idée de la géométrie appliquée à la coupe nous vient du triangle équilatéral (Voir la figure 2).

En effet, ce triangle ayant la forme d'un cône, qui nous représente la forme de notre buste, ce triangle, disons-nous, explique facilement qu'en le divisant par des lignes verticales et horizontales, on obtient des proportions pour toutes les tailles.

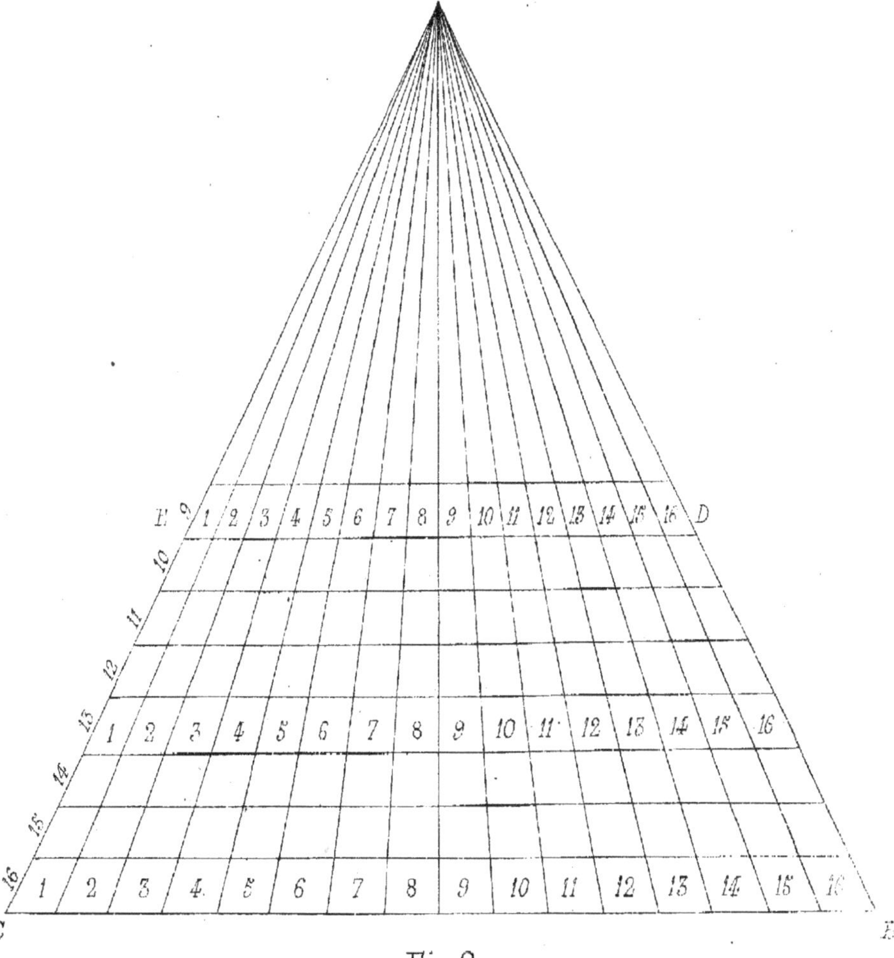

Fig. 2.

La figure 2 qui représente ce triangle est réduite au tiers de la grandeur naturelle, et pour fixer les idées de la propriété de ce triangle, remarquons qu'à sa base (c'est-à-dire à la ligne B C) nous trouvons une distance de 16 centimètres, que l'on remarque aussi, qu'à distance D E la division se fait par 16, mais sur cette ligne la division a subi une décroissance graduée par la combinaison des lignes partant du sommet A, allant correspondant sur chacun des points de la ligne B C.

Comme on voit, ce système était très-ingénieux, mais très-compliqué, car il ne s'agissait pas d'établir la fig. 2 que nous avons démontrée, d'une manière très-abrégée, il fallait aussi extraire les proportions de ce triangle pour les appliquer sur une règle en bois, pour en faire une que l'on appelle échelle de proportion.

Et puis ce n'était pas encore tout, il fallait chercher des données, pour établir des patrons, et ces données variaient encore assez souvent lorsqu'il y avait des disproportions dans les tailles.

Nous avons cru nécessaire de donner ces détails, non pas pour qu'on en tire parti, car ce système n'a aucun rapport avec le nôtre; nous l'avons fait pour les personnes qui aiment à apprendre les choses et en connaître la source.

COMPARAISON DES MESURES

OU MOYEN DE LES CRÉER LORSQU'IL EN MANQUE

Toutes les mesures se rapportent les unes aux autres; ainsi la longueur de taille égale la largeur totale de carrure, réciproquement la largeur de carrure égale la longueur de taille. Pour une personne bien proportionnée ces deux mesures sont invariables.

Il est bien utile de connaître la différence qu'il peut y avoir d'une mesure à une autre, pour rectifier celles qui ne sont pas justes, ou pour en créer, s'il en manque, car dans le cercle d'une clientèle il s'en trouve toujours qui sont éloignées du centre de vos opérations, il arrive alors qu'on vous envoie des mesures qui sont plus ou moins justes, ou bien même, on ne vous en envoie qu'une partie de celles qu'il faudrait (c'est alors qu'on est embarrassé, et qu'on n'ose pas couper avec des mesures aussi vagues).

Pour que l'on connaisse bien les mesures qui se rapportent, nous les avons divisées en deux colonnes, et celles qui se rapportent sont en regard l'une de l'autre.

Les approximités ou la différence qui peut exister se trouve entre les deux mesures exprimées par signe.

VALEURS DES SIGNES

SIGNIFIE : × Plus. — Égale. C centimètre. — Moins.

1re 1/2 grosseur — 25 c. donne la grosseur de taille.

2e 2 fois la grosseur de la taille × 15 c. donne la grosseur sous les bras.

3e Largeur totale de carrure — la longueur de taille.

4e La longueur de la taille — la hauteur de la gorge.

5e La carrure × 6 c. donne la largeur de poitrine.

6e La moitié de la taille — 2 c. donne la hauteur du petit côté.

7e L'encolure — la saignée du bras.

8e La saignée × 15 c. donne la longueur totale de la manche.

9e La longueur totale de la manche × 8 c. donne la longueur du corsage de robe.

Il est bien entendu que ces comparaisons ne sont applicables que pour des tailles bien proportionnées, sans quoi on peut voir que nous ne serions pas dans le vrai. A la 2e comparaison, par exemple, 2 fois la longueur de taille pour une femme grande et mince, donnerait beaucoup trop de largeur.

Réciproquement pour une femme grosse et petite, 2 fois la longueur de la taille ne suffirait pas pour sa grosseur.

BASE & RAISONNEMENT DE NOTRE PRINCIPE

Notre principe se base sur la 1/2 grosseur totale de-sous les bras, que nous supposons être 42.

Le raisonnement se fait ainsi :

La moitié de	42	est de	21,	le $^1/_3$ de 21	est de	7.
»	44	»	22,	le $^1/_3$ de 22	»	7 $^1/_3$.
»	46	»	23,	le $^1/_3$ de 23	»	7 $^1/_2$.
»	48	»	24,	le $^1/_3$ de 24	»	8, etc.

Fig. 3.

A

C

B

On procède de la même manière pour toutes les tailles; les 3 divisions que nous faisons pour chaque taille s'appliquent sur une ligne verticale (*fig. 3*) qui représente la 1/2 grosseur sous les bras. On fait un point de repaire pour fixer les deux extrémités de cette ligne, c'est-à-dire les points A B, puis on fait le point C sur le milieu de cette ligne. La distance du point C au point B nous donne le 1/4 de la grosseur totale sous les bras, et le 1/3 de cette distance représente le sixième de la demi-grosseur que nous avons trouvé plus simple d'exprimer par 1/3, en disant la moitié de 48 est de 24, le 1/3 de 24 est de 8, au lieu de chercher le sixième de 48, ce qui serait beaucoup plus long et plus ennuyeux. Mais si l'on voulait abréger encore ce calcul il suffirait de diviser par deux points la distance B C (*fig. 3*), ou A C, ce qui peut se faire à vue d'œil, en prenant la troisième partie de cette division on obtient le carré d'encolure et d'emmanchure (*Voir la fig. 6 et 7*).

La figure 3 nous donne les premières notions du tracé du devant du corsage. Mais, comme nous arrivons à la démonstration, nous fixons les idées dans leur ensemble. Seulement on peut voir que la manière de procéder que nous venons d'indiquer est tout ce qu'il y a de plus abrégé en calcul (1) et que l'on évite par là toute espèce de tâtonnement.

Ainsi, nous avons pour tout calcul deux divisions, l'une par moitié, l'autre par 1/4 et une par 1/3, ou encore le 1/3 se calcule sur des nombres faibles de 15 à 30 (2).

Nous engageons les personnes qui seront peu exercées au calcul d'apprendre par cœur le tableau disposé ci-dessous; il est indispensable de bien le connaître pour bien apprendre à couper.

Centimètres :	15	16	17	18	19	20	21	22
Tiers :	5	5 1/3	5 2/3	6	6 1/3	6 2/3	7	7 1/3
Centimètres :	23	24	25	26	27	28	29	30
Tiers :	7 2/3	8	8 1/3	8 2/3	9	9 1/3	9 2/3	10

(1) Lorsque l'on trouve de la difficulté à la division par 1/3 dans les fractions on peut les supprimer sans que cela porte aucun préjudice à la coupe. Mais on aura soin de forcer, au lieu de dire le 1/3 de 20 est de 6 2/3, on dira le 1/3 de 20 est de 7.

(2) C'est-à-dire que l'on trouve plus facilement le 1/3 ou le 1/4 d'un nombre que le 6me, 8me, 12me, comme on le voit dans certaines méthodes.

TRACÉ DU DEVANT DU CORSAGE

Les premiers éléments, dans le tracé du corsage, se composent de neuf lignes : 4 lignes verticales, 4 horizontales et une oblique
La ligne principale, et qui sert d'appui pour toutes les autres, c'est la ligne A B *(fig. 3 bis)* que l'on doit tracer comme première opération, sur laquelle on applique, avons-nous dit, la demi-grosseur de-sous le bras, on fait un point de repaire sur le milieu de cette ligne qui nous donne le point C; nous en restons là pour la figure 3 bis, pour donner le plan de la charpente ou l'assemblage des lignes mentionnées ci-dessus. Nous donnons un nom et un numéro d'ordre à chacune de ces lignes, afin que lorsqu'on fera un tracé on suive toujours le même ordre.

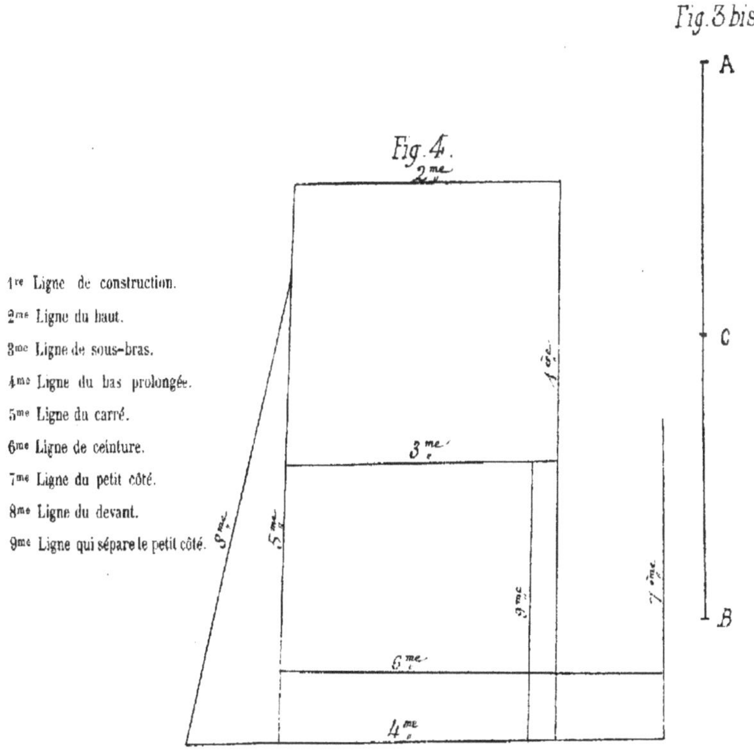

Assemblage des lignes.

Nous reprenons la figure 3 en tirant une ligne parallèle et bien d'équerre sur A B C *(fig. 5)*, les lignes parallèles que nous venons de tirer se fixent par la distance A C ou C B, plus 3 centimètres et deviennent lignes D A, E C, F B. En même temps que l'on fait la ligne F B on la prolonge de 15 à 20 centimètres du côté B et du côté F *(fig. 6)*.

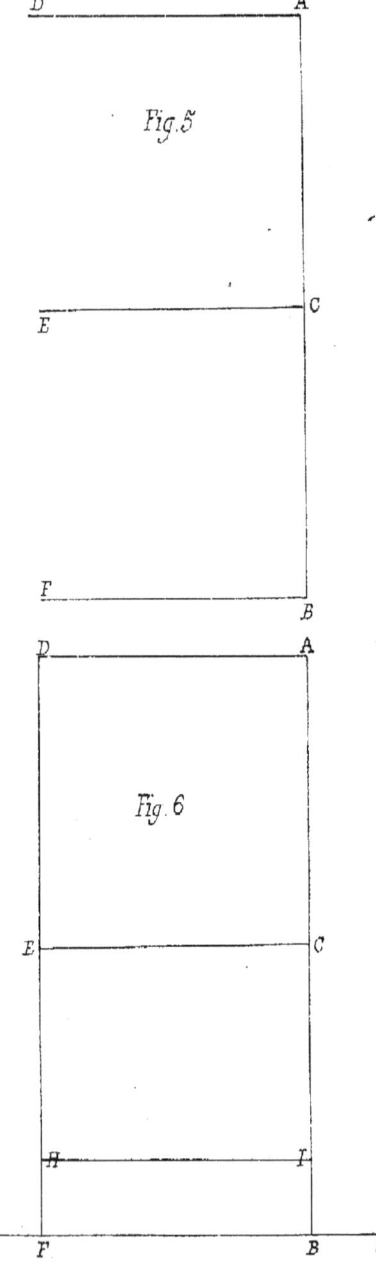

On prend le 1/3 de la distance C B, que l'on porte sur la ligne B G pour la ligne du petit côté. En anticipant de 3 centimètres sur la ligne B F, en répétant le même point sur la ligne E C, tirons une droite sur ces deux points, nous avons la séparation du petit côté au devant et la largeur du petit côté. *(voir la fig. 7)*

La figure 5 se continuant par la ligne du carré ou ligne D F, on tire ensuite la ligne de ceinture ou ligne H I; cette ligne se fixe suivant la mesure de la hauteur du petit côté.

Dans le cas où on n'aurait pas de mesure *(voyez page 8, 6me comparaison)*.

Nous en sommes resté à la figure 6 à la ligne de ceinture, il s'agit de la reprendre au même point en y ajoutant la ligne du petit côté G K et celle du devant, mais comme cette ligne part du bas du devant, nous nous occuperons d'abord de l'encolure et de l'emmanchure.

La figure 7 va nous apprendre à faire l'ébauche de l'encolure et de l'emmanchure; prenons le 1/3 de la distance A C
et formons un carré à l'angle D, ce carré sera D, L, M, N, avec le 1/3 de A C sur chaque face, comme nous l'avons dit, on répète le même carré à l'angle C, ligne de de-sous-bras, ce qui donne le carré de l'emmanchure O, P, Q, C.

Nous prolongeons la ligne F de 3 centimètres pour toutes les tailles, puis nous tirons la ligne (L) au chiffre 8 ou ligne du devant, puis la ligne G K, ligne du petit côté.

Fig. 7.

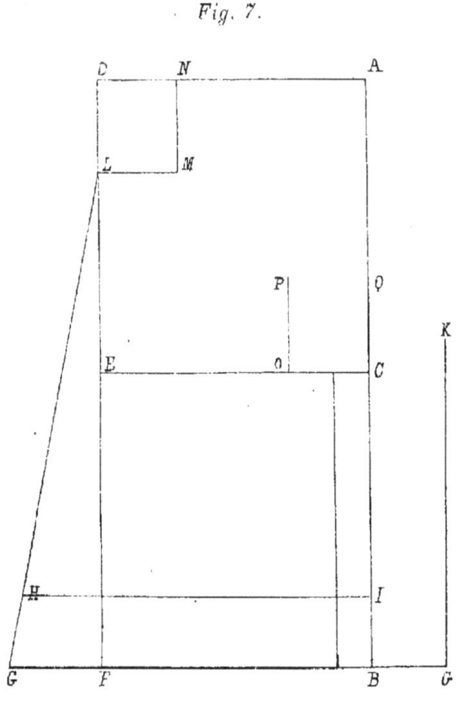

Fig. 7.

TRACÉ DU DEVANT DU CORSAGE (SUITE)

A la figure 8, nous allons nous occuper de dessiner l'encolure, l'épaulette, l'emmanchure et le petit côté. Nous reprenons le tracé à la fig. 7, et nous commençons avec l'épaulette que l'on dessine en se plaçant avec le centimètre sur le chiffre 8, ligne du bas du devant, et on va correspondre au point N.

Étant ainsi placé on décrit un arc de cercle vers la droite avec le centimètre qui tient lieu de compas, la largeur de l'épaulette se règle avec l'épaulette du dos.

L'encolure se dessine en décrivant une ligne courbe qui passe dans le carré aux points L N.

L'emmanchure se dessine quand on fixe la largeur de l'épaulette, en passant par les points S P O R. La courbe doit passer en dehors de la ligne P O — O C.

On dessine le petit côté en partageant le carré de l'emmanchure par une ligne ponctuée que l'on fixe à 1 centimètre en dehors de la ligne de construction. Cette ligne au point R donne la hauteur de la pointe du petit côté, on se place de nouveau avec le centimètre sur le chiffre 8 et on va correspondre au point R, de ce point on décrit un arc que l'on arrête au contact de la ligne G K.

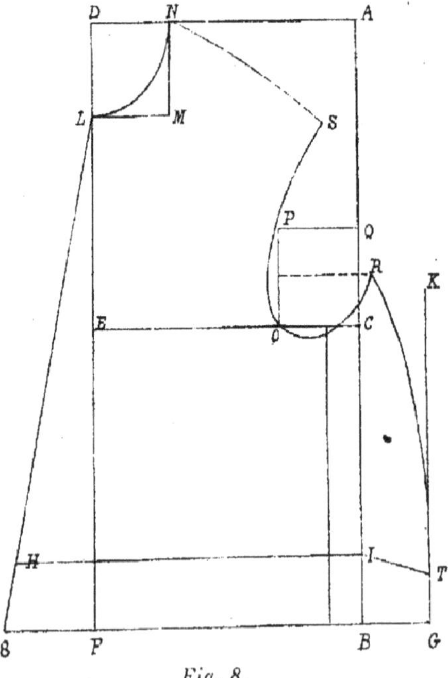

Fig. 8.

Puis on tire la ligne I T pour le bas du petit côté, on règle la longueur du petit côté R T avec la longueur du dos.

Pour procéder avec principe nous avons dû créer, pour former l'emmanchure, mais on peut sans inconvénient la remonter de 2 centimètres.

La ligne correspondant au chiffre 8 prouve que plus la femme est forte de poitrine plus il faut de la largeur dans le bas du devant; pour établir cette largeur, on doit d'abord appliquer la mesure de poitrine. Supposons qu'elle soit de 18 centimètres, nous plaçons une règle sur le point L en la dirigeant sur la mesure de poitrine, que l'on a eu soin de marquer d'avance, puis on prolonge la ligne jusqu'au bas du devant, admettant que la mesure de poitrine serait 19, 20, 21, 22 centimètres, la règle étant placée sur le point L et passant sur chacune de ces mesures on obtiendrait la largeur graduée L U — L X, L V, L J, etc.

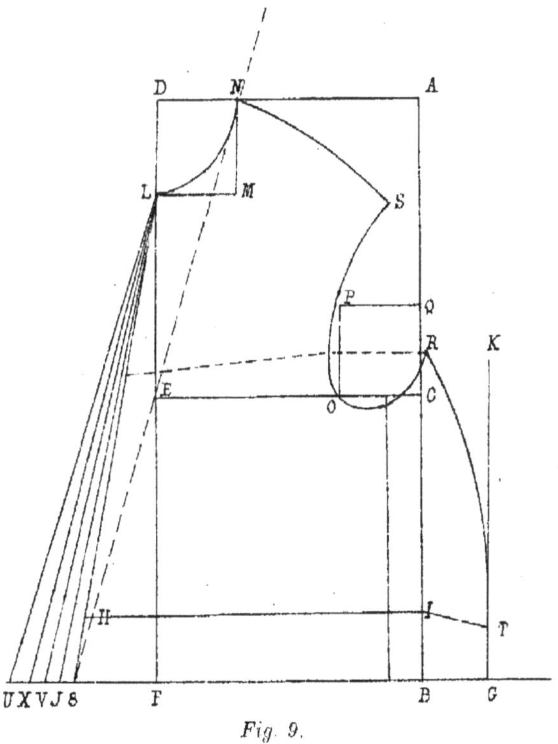

Fig. 9.

Cette ampleur que nous obtenons dans le bas du devant par le moyen que nous venons d'indiquer, nous sert pour faire les pinces, car il serait impossible de faire des pinces dans un devant s'il était coupé en droite ligne, ou le corsage n'irait pas.

La largeur du devant étant bien réglée on y applique la longueur, qui part du milieu du dos et s'arrête sur H.

On règle le bas du devant en tirant la ligne I H.

Nous allons nous occuper des pinces à la figure suivante.

TRACÉ DU DEVANT DU CORSAGE (SUITE & FIN)

La figure 10 complète le tracé du devant, par les pinces.

On doit, autant que cela est possible ne pas couper les pinces avant d'avoir essayé, à l'essayage on les épingle sur la personne elle-même, par ce moyen on est certain qu'elles seront faites à leur place.

Dans le cas où on ne pourrait essayer le corsage, voici le moyen de les couper à leur place : On prend la longueur de la taille (1) que l'on porte à la pointe d'épaulette ou point A en laissant dépasser la valeur de la largeur du haut du dos, 6 à 7 centimètres environ, puis nous nous dirigeons vers le point B en appliquant la mesure indiquée, en arrivant au point B nous tirons une ligne horizontale, là, nous avons la hauteur des pinces.

Quand on a obtenu ce résultat, il s'agit de trouver la distance que les pinces doivent avoir du bord du devant. Cette distance s'obtient par le 1/3 de la distance A C, ligne de construction *(voir la fig. 3)*, puis on les trace comme l'indique la fig 10.

Les pinces se font plus ou moins fortes, suivant la largeur de la poitrine et la grosseur de taille de la personne, pour une femme, par exemple, qui serait forte de poitrine et mince de ceinture, il faudrait des fortes pinces, mais dans le cas opposé (c'est-à-dire, faible de gorge et forte de ceinture) il faudrait des pinces bien moins fortes.

(1) A défaut de la mesure de la hauteur de la gorge la longueur de la taille donne cette mesure.

Du reste, il y a un moyen bien simple pour se rendre compte de la force qu'une pince doit avoir.

Exemple : Prenons comme mesure 54 de-sous-bras, et 42 ceinture, on soustrait 42 de 54, il nous reste 12 centimètres. Nous avons 4 pinces dans un corsage (c'est-à-dire 2 dans chaque devant. Chaque pince sera donc de 6 centimètres, et on procédera de la même façon pour toutes les tailles.

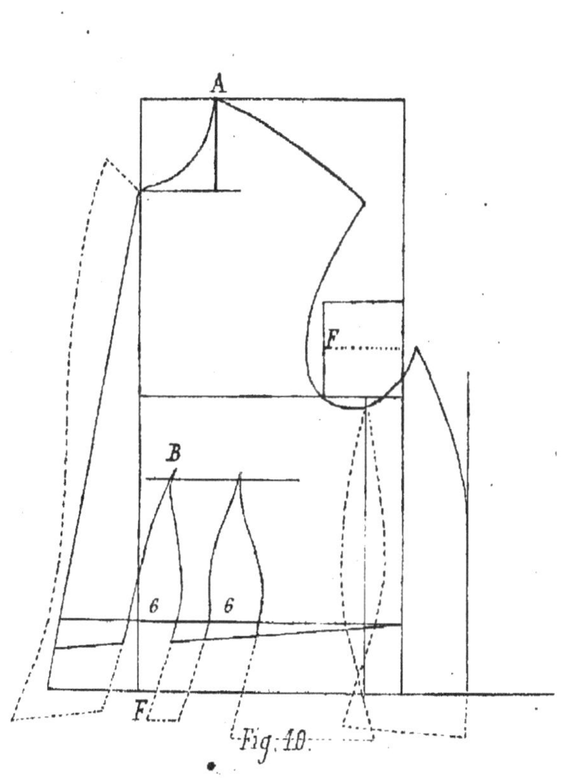

Fig: 10.

Observations : Il faut laisser une marge en dehors de la ligne oblique du devant, pour les remplir, plus pour les boutons et boutonnières.

TRACÉ DU DOS DU CORSAGE

Le tracé du dos se commence par une ligne verticale, sur laquelle on applique la longueur de taille, puis on fixe cette longueur par les points de repaire, A B — *Fig. 11.*

A la figure 12, nous tirons une horizontale sur le point A, que l'on prolonge de 25 à 30 centimètres, ou si l'on préfère, de la largeur de la carrure. Cette largeur se fixe par le point C. Sur le point C nous tirons encore une ligne verticale, que l'on arrête vers le milieu de la grande ligne A B, *Fig. 12.*

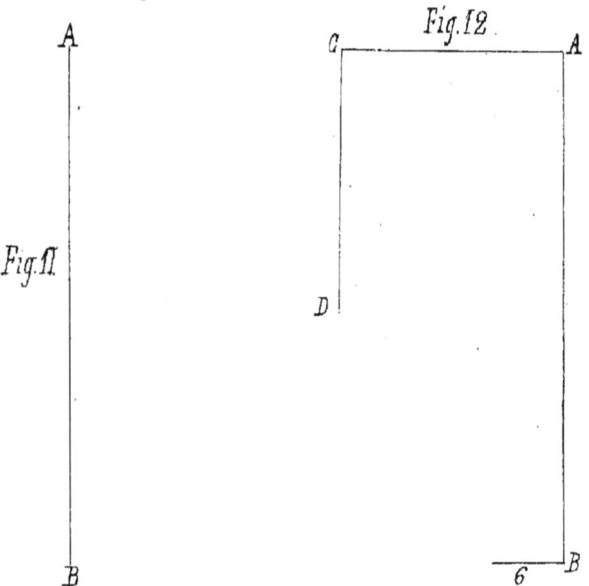

Cette ligne devient la ligne C D, puis on tire la parallèle B E,+ largeur du bas du dos.

Il est bien entendu que la ligne A C, se fixe par la largeur de carrure, et que la ligne C D, est une approximité du bas de la carrure, la figure 12 étant ainsi disposée, nous nous plaçons avec le centimètre à l'angle A de la figure 13, en prenant la largeur de carrure, plus 5 centimètres.

Admettant que la largeur de carrure soit de 21 centimètres, nous disons 21, plus 5, égal, 26. Etant placé comme nous l'avons déjà dit, sur l'angle A, nous dirigeons notre centimètre sur la ligne C D, et on coupe celle-ci en décrivant une courbe.

A l'intersection de ces 2 lignes, nous avons le bas de la carrure ; de ce point, en remontant de 7 à 8 centimètres, ou suivant les proportions que nous allons indiquer, on obtient la largeur du dos, ou talon d'emmanchure.

Fig. 13.

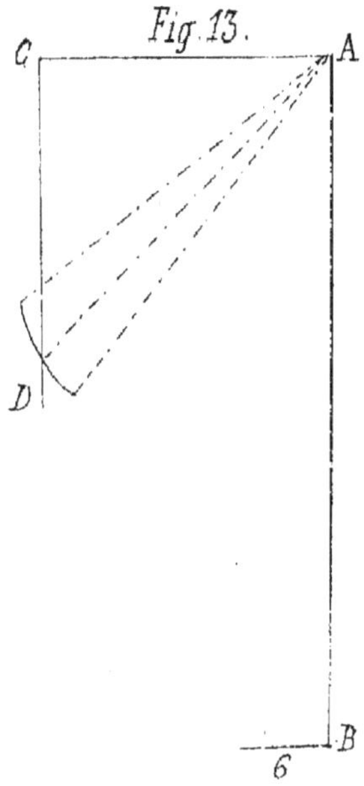

Proportions du dos

Moitié de	A B	Longueur de taille	donne,	A C	Carrure.
Tiers de	A C	Carrure	donne,	F A	Largeur du haut du dos.
Distance	F A	Largeur du haut du dos	donne,	H G	Talon d'emmanchure.
	H G	Talon d'emmanchure	donne,	G K	Creux du dos.
Moitié de	F A	Largeur du haut du dos	donne,	E B	Largeur du bas.

Ces proportions peuvent s'appliquer à toutes les tailles.

Quand le dos est préparé comme à la figure 13, nous tirons les lignes FA-HF, HG-GB, la distance C K représente le 1/3 de la ligne B G, on doit rentrer à cet éndroit d'un centimètre pour dessiner la courbe du dos.

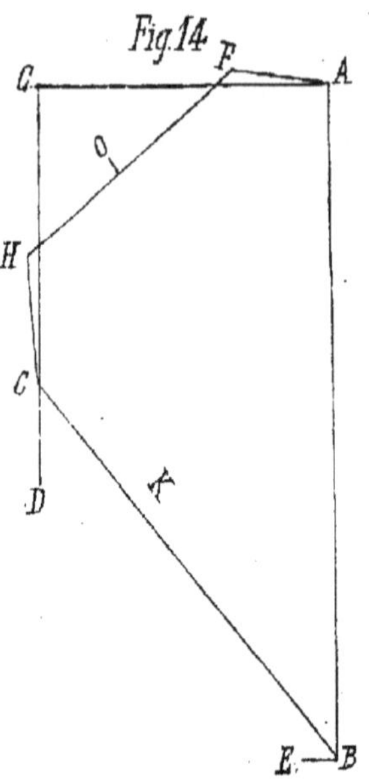

Au milieu de l'épaulette, ou milieu de la ligne H F, on ressort d'un centimètre pour donner un peu de rond à cet endroit, pour donner un peu de saillant à l'épaulette, afin de bien faire prendre la courbe des épaules.

Pour qu'un dos prenne bien le tour du cou, on devra abattre un fort C, à l'angle A, en diminuant jusqu'au milieu du dos. *(Voir la fig. 15.)*

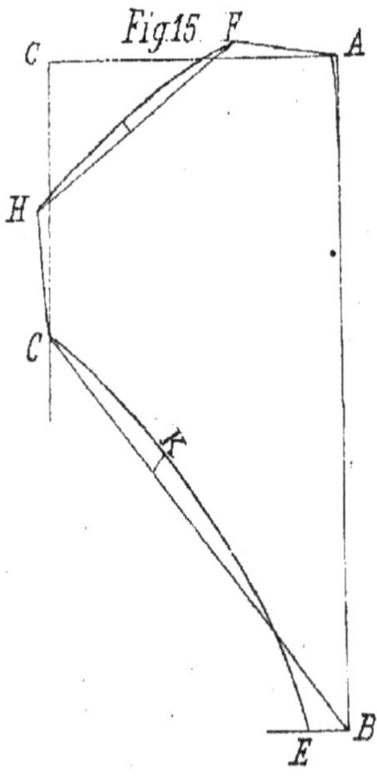

Quand on a bien marqué tous les points, comme c'est indiqué à la figure 14, il nous reste à dessiner la figure 15, en passant par les points C K E, pour le creu du dos, et les points F O H, puis les points H C qui donnent le talon d'emmanchure.

MOYEN DE CONNAITRE L'APLOMB DU DOS

Il est à remarquer que l'aplomb d'un vêtement, quel que soit la forme, tient presque toujours du dos. C'est pourquoi nous recommandons la plus scrupuleuse attention en le coupant.

Quand on a un défaut dans le dos, il y a deux causes principales qui peuvent l'occasionner :

1° Trop de montant, ce qui le fait casser vers le milieu de la taille et produit des plis en travers.

2° Trop court de montant, ce qui fait lever le vêtement et l'empêche de toucher à la taille.

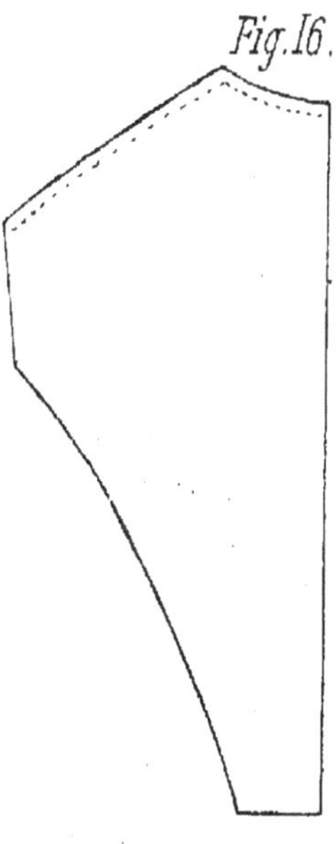
Fig. 16.

Pour remédier à un dos qui aurait trop de montant, il faudrait recouper dans la ligne ponctuée de la figure 16. pour l'empêcher de casser.

Pour un dos qui serait par trop court de montant, il n'y a qu'un moyen d'y remédier, c'est de changer le dos. *C'est pour cette raison qu'il est préférable de laisser plus-tôt trop de montant que pas assez.*

TRACÉ DE LA MANCHE

La manche se fait par le 1/4 de la grosseur dessous-bras ; on commence à tirer les cinq lignes suivantes :

1re A-B Pour la longueur du bras, suivant la mesure.
2me A-D Largeur de la manche par le 1/4 de la grosseur dessous bras.
3me C-E Hauteur du coude, suivant la mesure prise.
4me B-A Bas de la manche.
5me D-F Saignée ou avant-bras

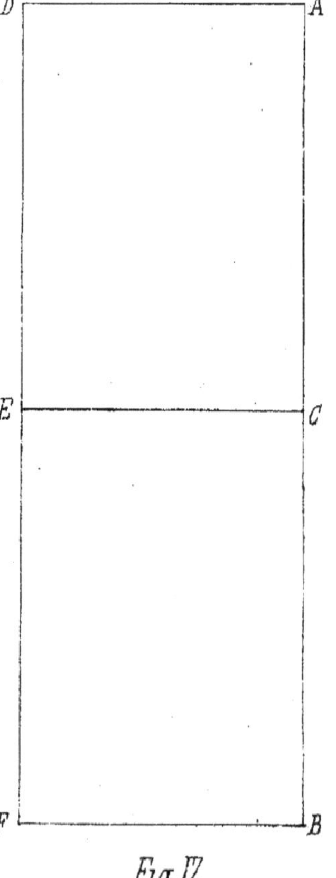

Fig. 17.

Ces lignes tirées dans l'ordre indiqué nous donnent la figure 17 ou encadrement de la manche.

Après avoir établi cette ébauche nous nous occupons d'y appliquer les proportions qui peuvent nous donner la forme de la manche.

Proportions ou données de la manche, et suite de la figure 17

Moitié de	A D	au point	H	donne le sommet de la manche.
	A H	donne	D I	ou rond de la manche.
+ 2 C	D I	donne	K L	largeur du bas.
Moitié de	K L	donne	D M	point de repaire, pour dessiner le rond de la manche en passant par H M I.
	K F			Abattre de 4 C à partir du point L.

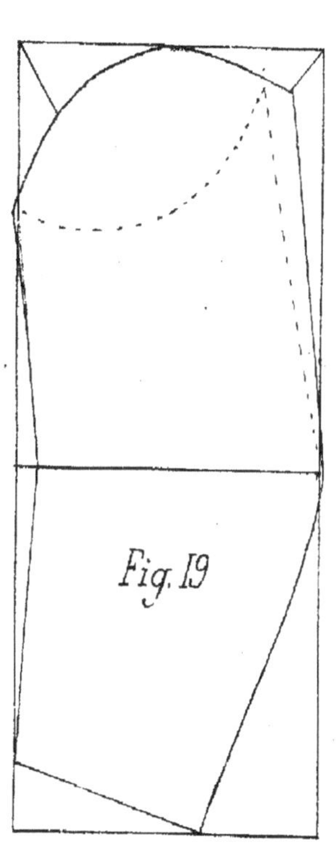

Fig. 19

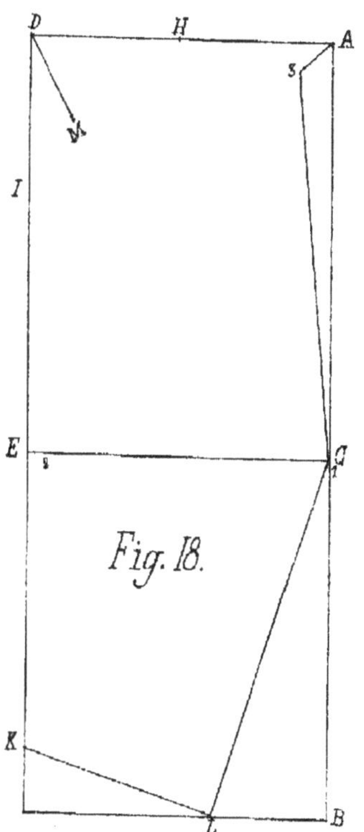

Fig. 18.

Pour donner de la grâce à la manche on rentre de 2 centimètres sur la ligne E, et on ressort d'un centimètre au point C à l'angle A, on abat 3 centimètres sur chaque ligne du même angle, puis on tire une ligne du chiffre 3 au point C, et du point C au point L, et on dessine la manche, en passant par les points H M I, comme il est indiqué à la figure 18.

Le dessous de la manche se coupe avec le dessus, et se fait 3 centimètres plus étroit du haut. *(Voyez les lignes ponctuées de la figure 19.)*

COMMENT ON VÉRIFIE LES MESURES

Toutes les fois que l'on a coupé un patron il est prudent de vérifier les mesures, et si l'on s'était trompé en coupant, si, par exemple, on avait coupé la poitrine 2 centimètres trop étroite, on ferait un trait horizontal, que l'on fixe par un trait vertical, de ce qu'il y a en moins de la mesure, soit 2 centimètres. (1)

On fait un trait de 2 centimètres, pour se rappeler, avant de couper le tissu, qu'il faut 2 centimètres de plus de largeur à la poitrine, puis on met le dos en regard du devant, et on vérifie la grosseur dessous bras, et la grosseur de taille, *(fig. 20)* on rapporte le dos à l'épaulette pour se rendre compte si l'épaulette n'est ni trop longue ni trop courte.

Si l'encolure et l'emmanchure s'accordent bien, *(voyez fig. 21 et 22.)*

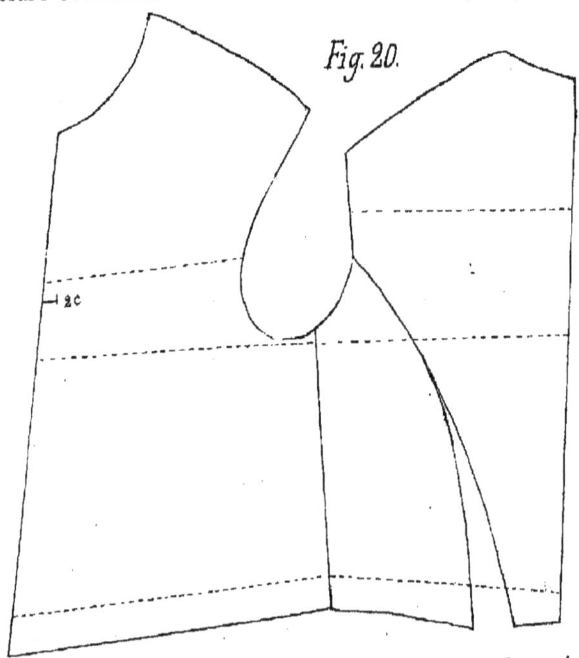

En mesurant la ceinture, on doit tenir compte des pinces et coutures.

(1) On doit toujours couper un peu plus grand avant l'essayage parcequ'il est toujours temps de retrécir.

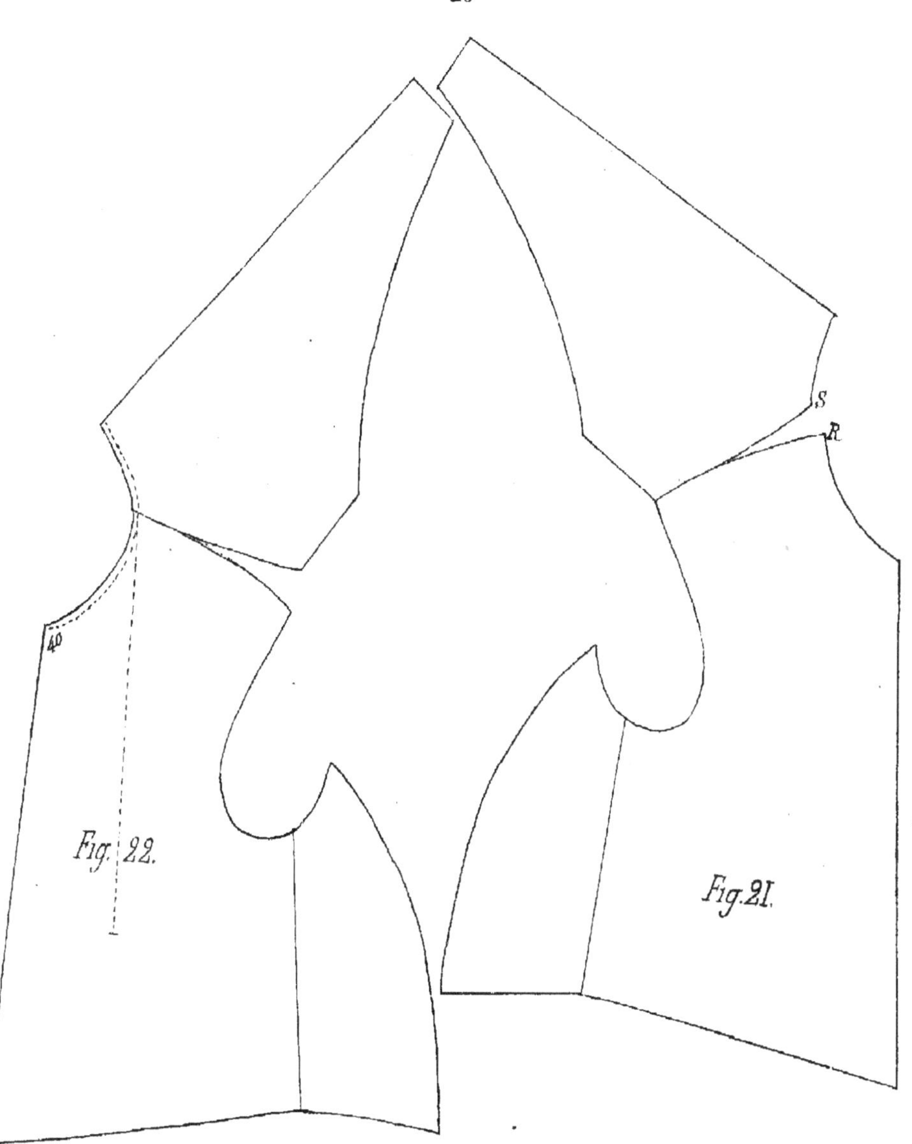

Pour savoir si l'épaulette est juste avec celle du devant, on place le dos de l'emmanchure, comme le montre la figure 22, on voit si l'emmanchure est correcte, et en faisant pivoter le point S sur R, on voit si les épaulettes sont justes comme longueur, en même temps on voit si l'encolure est régulière, on la vérifie on mesure la hauteur de la gorge en même temps. *(Voyez les fig. 21 et 22.)*

MOYEN DE CHANGER LA FORME D'UN VÊTEMENT

Corsage à basque

Dans la série de vêtements que l'on va voir ci-après, compose en général toute la confection de dames (1). Nous ne parlerons pas des mille variations ou changements, qui existent dans la confection, car il faudrait un énorme volume pour en donner la description, ce qui deviendrait trop coûteux pour que l'on puisse mettre cet ouvrage à la portée de tout le monde et ne servirait qu'à surcharger la mémoire

Tous les vêtements sont les auxiliaires les uns des autres, le corsage, qui fait la base de notre principe, est la base de tous les vêtements, quel que soit la forme.

Pour changer un modèle de forme, on doit toujours se servir du patron qui rapproche le plus du genre de vêtement que l'on veut faire.

Ainsi, nous voulons par exemple faire le patron de corsage à basque. C'est le corsage, d'après notre principe, qui doit servir de base.

Pour faire le paletot ceintré, on prendrait le corsage à basque ; pour faire la veste d'appartement, on se sert du paletot ceintré ; pour faire l'imperméable ou pardessus, on se sert de la veste d'appartement. etc.

Il y a quatre causes principales pour opérer un changement :

1° Alonger.
2° Raccourcir.
3° Elargir.
4° Rétrécir.

(1) Pour mieux fixer les idées, voyez les figures 23, 24, 25, 26 et 27, dont le corsage est ponctué, qui indique la manière de faire un changement, quelle que soit la forme.

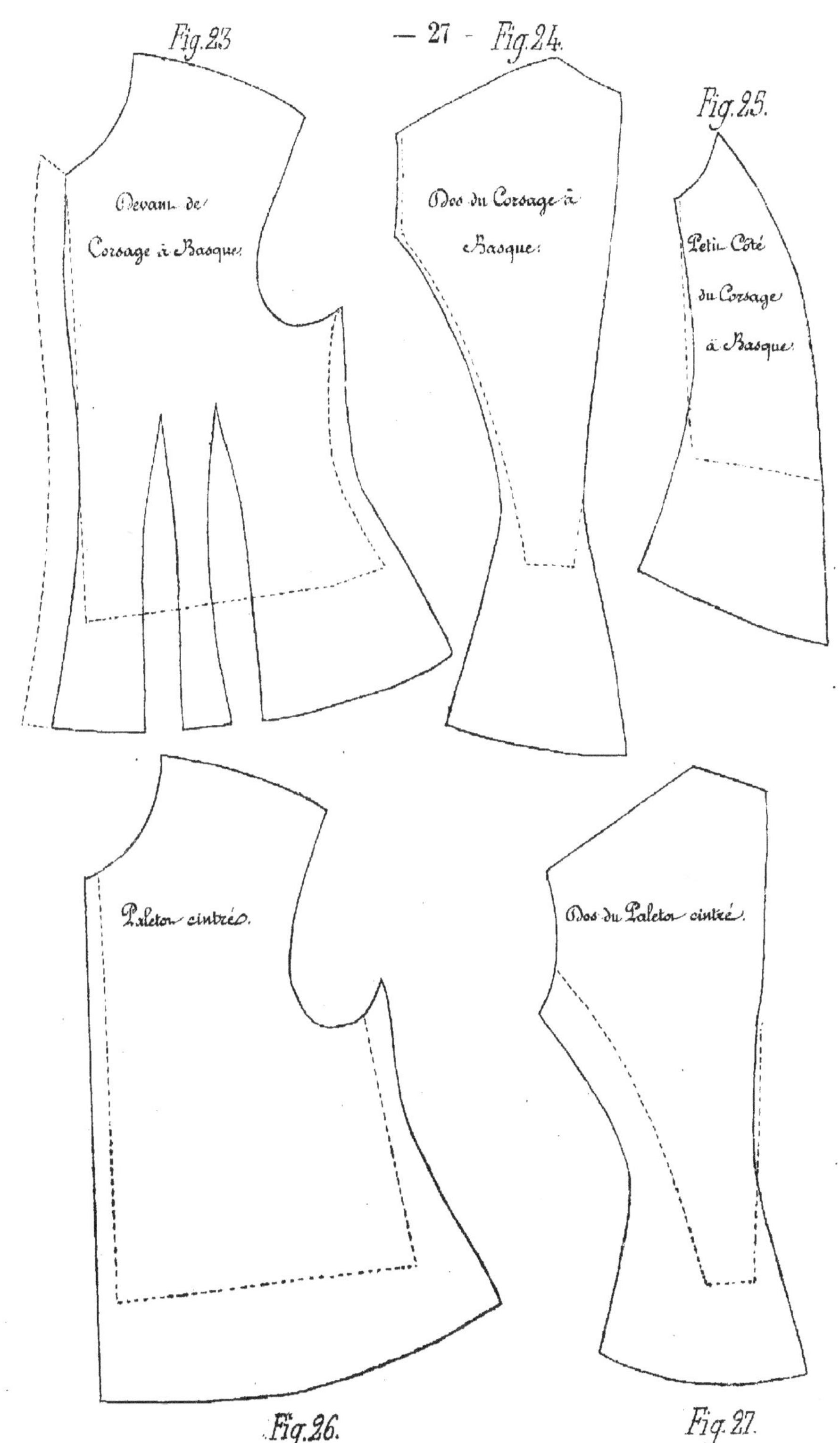
Fig. 23
Devant de
Corsage à Basque.
Fig. 24.
Dos du Corsage à
Basque.
Fig. 25.
Petit Côté
du Corsage
à Basque.
Paletot cintré.
Dos du Paletot cintré.
Fig. 26.
Fig. 27.

L'ART DE CRÉER DES NOUVELLES MODES

L'art d'innover n'est pas donné à tout le monde, il y a même peu de personnes qui soient favorisées de ce talent, pour faire des innovations il faut quatre conditions.

1° Avoir beaucoup de goût.

2° Savoir bien varier la coupe.

3° Persévérer dans une idée d'innovation, pour la faire réussir.

4° Varier souvent les garnitures, et même dans la même coupe du vêtement.

Sur les quatre questions qui précèdent, il n'y en a qu'une que l'on peut démontrer. Parlons d'abord du goût. Le goût est une chose que l'on ne peut pas apprendre ; cependant on peut toujours en acquérir plus qu'on en a, pour cela il ne faut pas rester indifférent, surtout si l'on veut faire un nouveau modèle. Il ne suffit pas de s'en tenir à une première idée, ni à la deuxième, ni à la troisième.

La persévérance, c'est lorsqu'il nous vient une idée d'innovation, de la mettre en pratique. On coupe, on essaye, on corrige, on modifie, jusqu'à ce que l'on ait obtenu un résultat satisfaisant.

L'art de créer des nouvelles modes, consiste principalement à varier la coupe.

Sur les quatre questions mentionnées ci-dessus, c'est la seule qu'on puisse démontrer, et l'article précédent nous vient fortement en aide pour faire les changements qui sont nécessaires pour varier la coupe, et faire de nouvelles modes.

Quant aux garnitures, on sait que cela se rapporte à la question du goût. Cependant il ne suffit pas d'avoir du goût pour le choix des garnitures, il faut aussi avoir beaucoup de tact pour les placer sur les vêtements, et en varier souvent la pose.

TRACÉ DE LA ROTONDE

Pour faire la rotonde, on se sert du patron de corsage. Le dos et le devant se placent sur une ligne, qui forment l'angle A B, A D. *(Fig. 28)* Après cela, on fait glisser le dos et le devant, jusqu'à ce que les deux points d'épaulette E F se rencontrent ; quand on a opéré ce mouvement, on voit la pince et l'encolure se former d'elles-mêmes.

Il nous reste le bas à dessiner. Marquons les points, C H I J.

Nous appliquons ensuite la longueur, supposons 60 centimètres, en nous plaçant avec le centimètre sur le point C, on va correspondre au point D. Placés de cette façon, on pivote avec le centimètre en passant successivement par les points D K L M, en traçant le bas avec le centimètre, à chaque fois que l'on rencontrera un point, on changera le centimètre de place à l'encolure, on en fera autant pour les points de l'encolure, c'est-à-dire qu'on se fixera avec le centimètre sur les points C H I J, arrivé au point J, le centimètre reste immobile sur ce point, et on termine le tracé du bas de la rotonde par M N, ce dernier mouvement a pour but de raccourcir le devant qui doit être de 8 centimètres plus court que le derrière.

La rotonde se fait sur les longueurs suivantes : 60, 70, 80, 90, 100, 110, 120, et jusqu'à 150, pour les grandes tailles.

Il y a trois largeurs comme ampleur :

1° La grande ampleur.

2° La demie chatrée.

3° La chatrée.

La rotonde chatrée, comme pour la 1/2 chatrée, on diminue l'ampleur, en graduant de 20 centimètres en 20 centimètres, 10 centimètres sur le devant et 10 centimètres sur le derrière, comme il est démontré à la figure 28. *(Voir ci-après.)*

Fig.28.

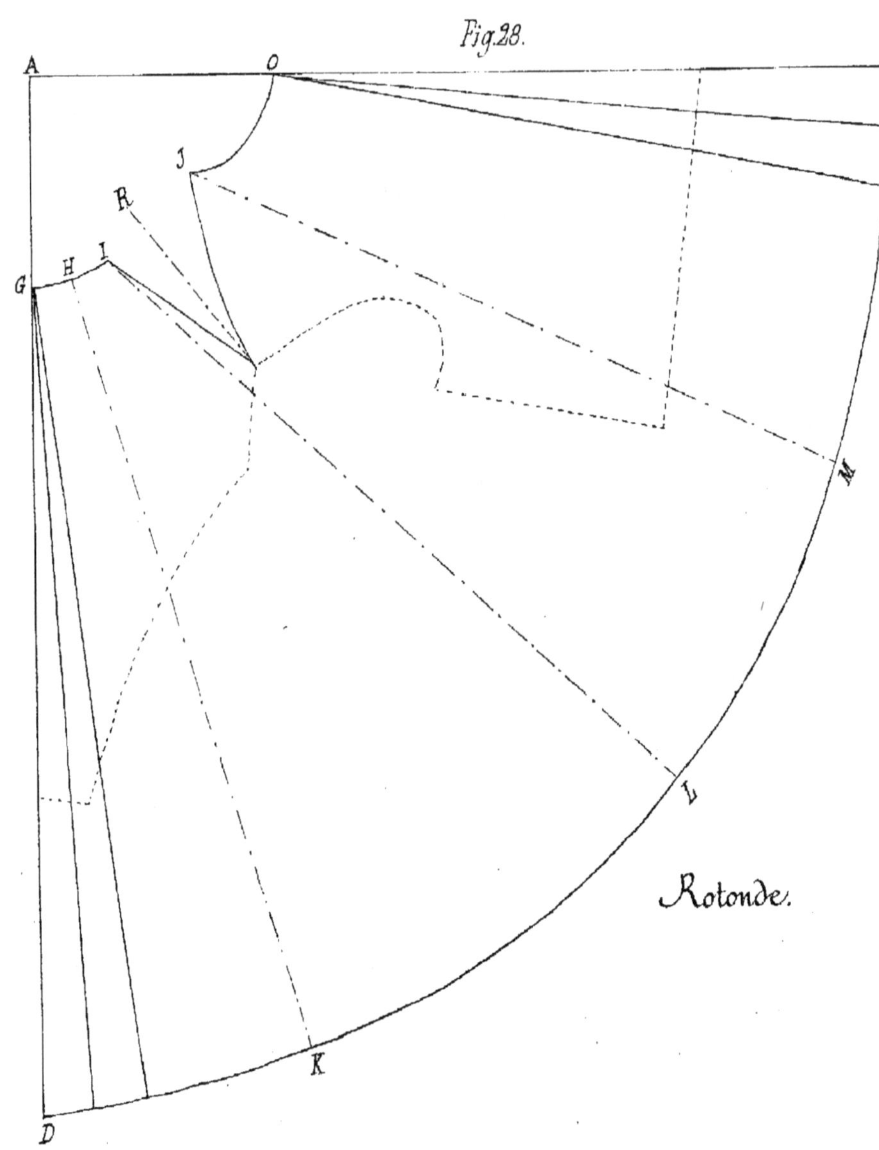

Fig. 29.

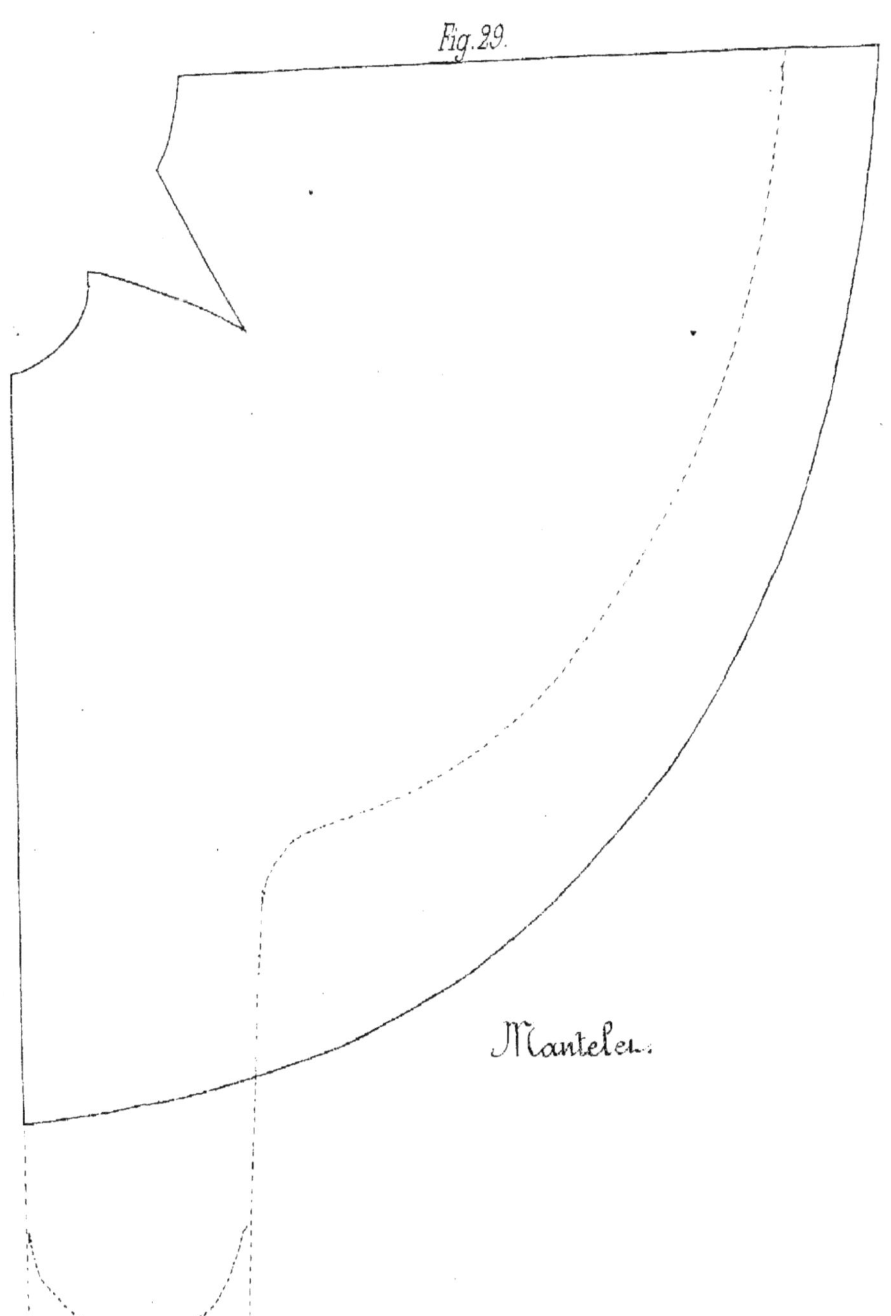

Fig. 30. 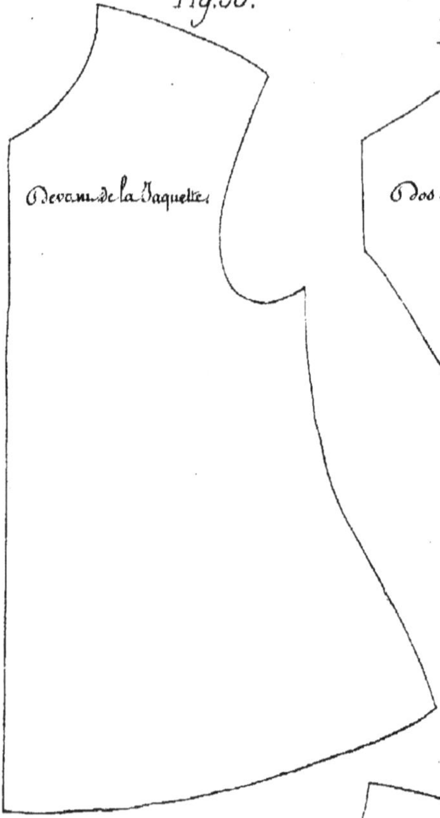
Devant de la Jaquette.
Fig. 31. 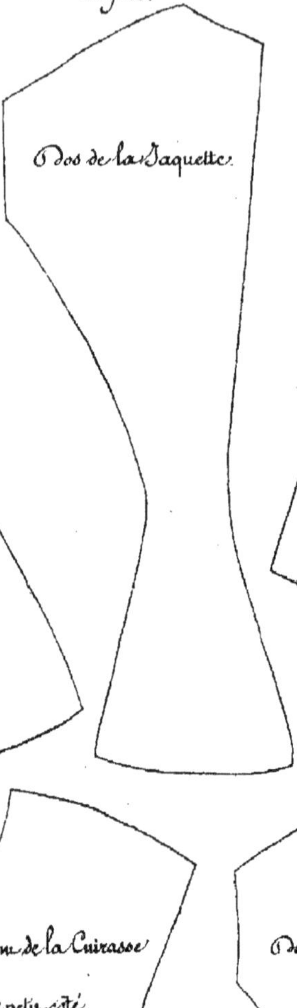
Dos de la Jaquette.
Fig. 32. 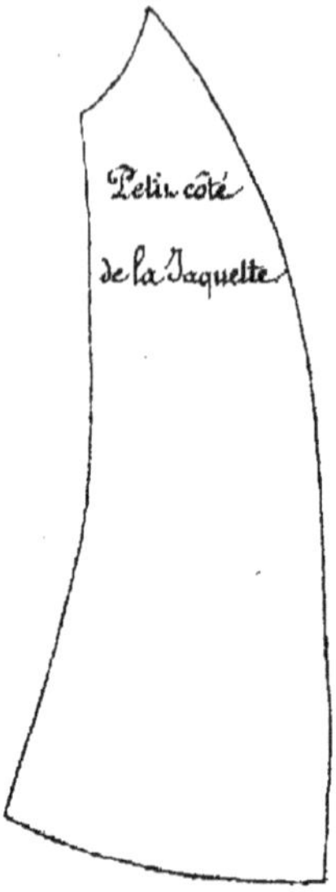 
Petit côté
de la Jaquette.
Petit côté
Fig. 33. 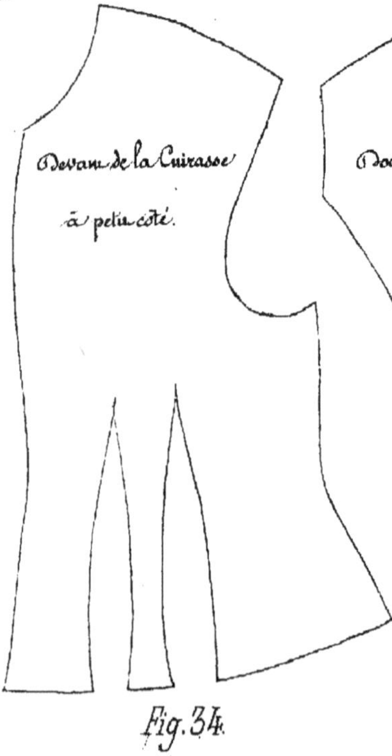
Devant de la Cuirasse
à petit côté.
Fig. 34. 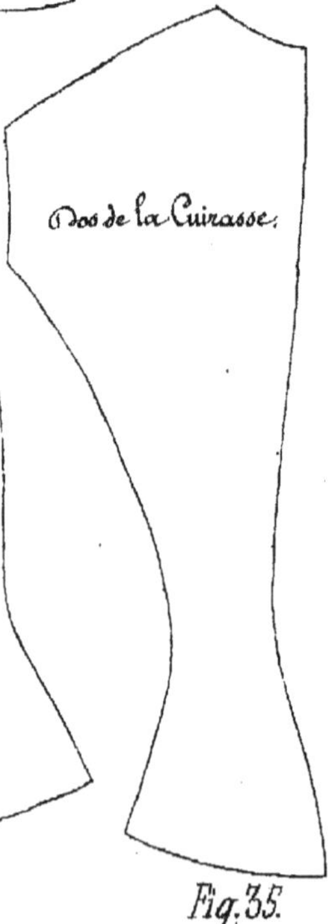
Dos de la Cuirasse.
Fig. 35.

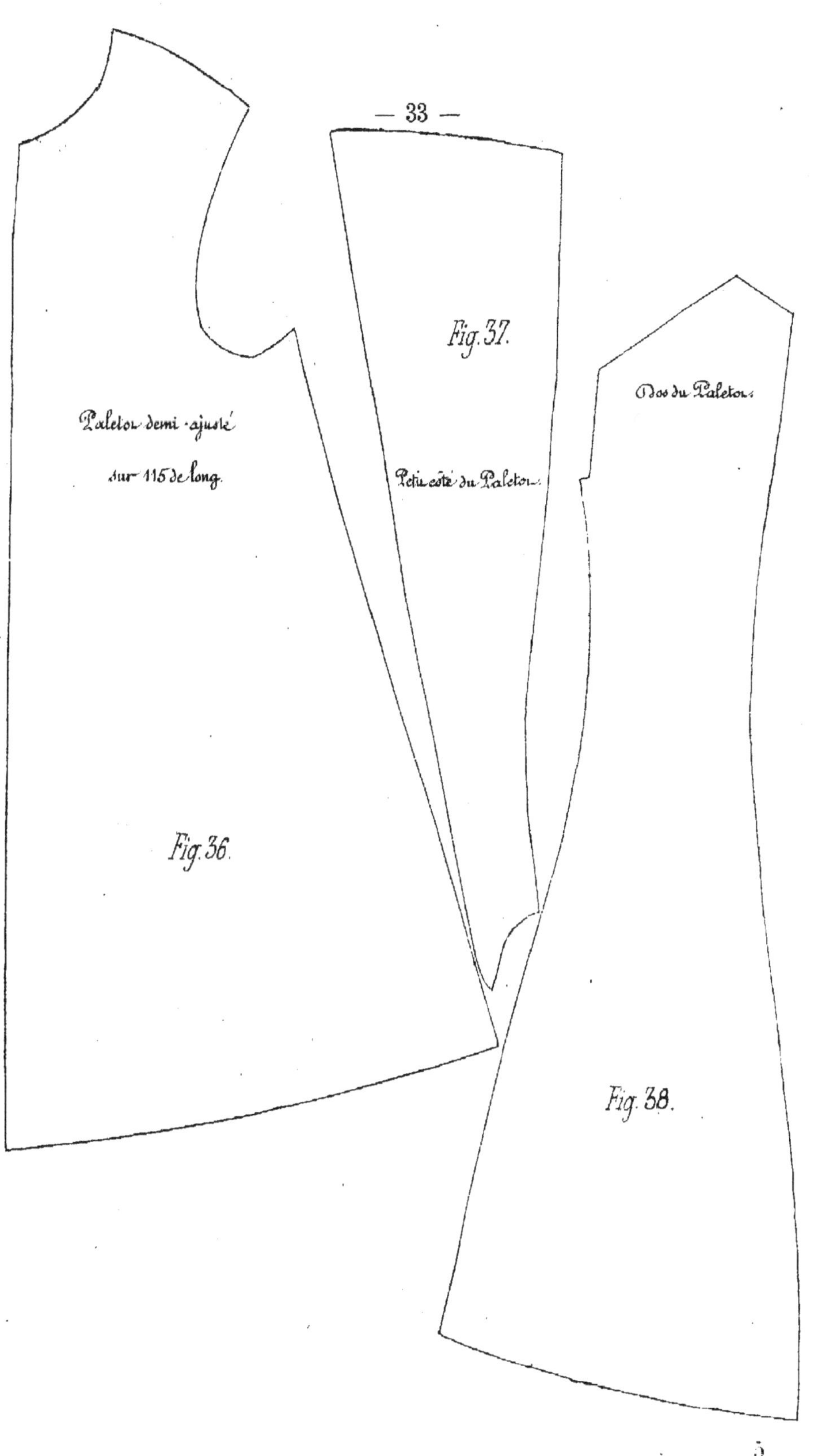
Paletot demi-ajusté
sur 115 de long.
Fig. 36.
Fig. 37.
Petit côté du Paletot.
Dos du Paletot.
Fig. 38.

TRACÉ DE LA HOUPPELANDE

La houppelande ne se fait généralement que pour les enfants de 5 à 15 ans. Ce vêtement a beaucoup de rapport à la jaquette, et on peut même se servir de ce patron pour la couper, en y ajoutant de la longueur et 1/2 ceintré à la taille, au lieu d'être ajustée comme la jaquette.

On peut se baser, pour la longueur, sur la robe de l'enfant, ou de la personne pour qui on coupe ; pour la vraie houppelande, la robe doit dépasser de 5 centimètres, cependant cette longueur n'a pas de limite fixée par la mode, et on peut la varier selon le goût et le désir de la dame, qui donne la commande.

Toutes les fois que l'on donne de la longueur à un vêtement, plus on allongera (1), plus il faudra donner d'empleur dans le bas, et principalement sur le devant, sans quoi le vêtement écarterait dans le bas. La figure 95 nous indique le moyen de donner l'empleur que l'on voudra, la figure 97 nous représente l'étoffe sur laquelle nous devons faire le tracé, il est convenu que nous nous servirons du patron de la jaquette, pour la convertir en houppelande ; le fond du tracé de la figure 95 est donc la jaquette. Il s'agit, pour obtenir l'empleur nécessaire dans le bas du devant, de faire pivoter la pointe de l'encolure, sur le point A, ou, ce qui revient au même, éloigner le point C du point B, plus on écartera ces deux points, plus on aura de l'empleur.

La houppelande se fait avec ou sans petit côté, on fait un cran dans le bas du dos, de 15 à 20 centimètres suivant la taille, manche à coude et parement.

(1) Eloigner.

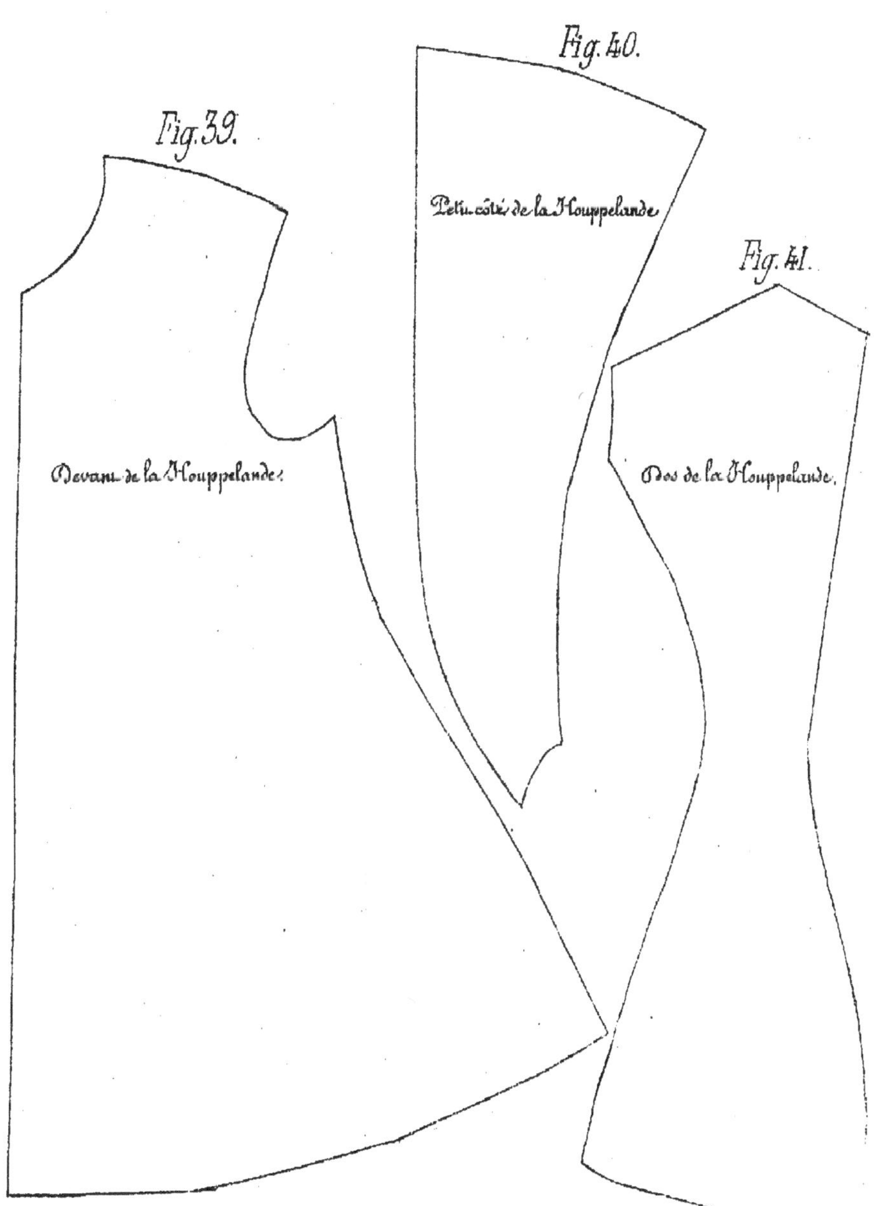

Fig. 39.
Devant de la Houppelande.
Fig. 40.
Petit côté de la Houppelande
Fig. 41.
Dos de la Houppelande.

PALETOT CROISÉ EN BIAIS OU PALETOT RUSSE

Le paletot croisé en biais se fait de tous points comme la houppelande, sauf qu'il croise en biais sur le devant. Ce genre de croisure paraît assez difficile à exécuter, c'est pourquoi nous avons jugé nécessaire d'indiquer le moyen de le faire sans trop de difficulté.

Démonstrations. — Après avoir placé le devant de la houppelande sur le bord du pli de l'étoffe, en laissant toutefois une marge de 7 centimètres dans le haut, et 12 dans le bas, cette marge est utile pour la croisure. En coupant le vêtement, il faut avoir la précaution de laisser tenir les deux devants ensemble, pour pratiquer l'ouverture en biais sur le devant, par la ligne diagonale K B. *(Fig. 42.)*

On peut faire l'ouverture de droite à gauche ou de gauche à droite, selon la volonté du client.

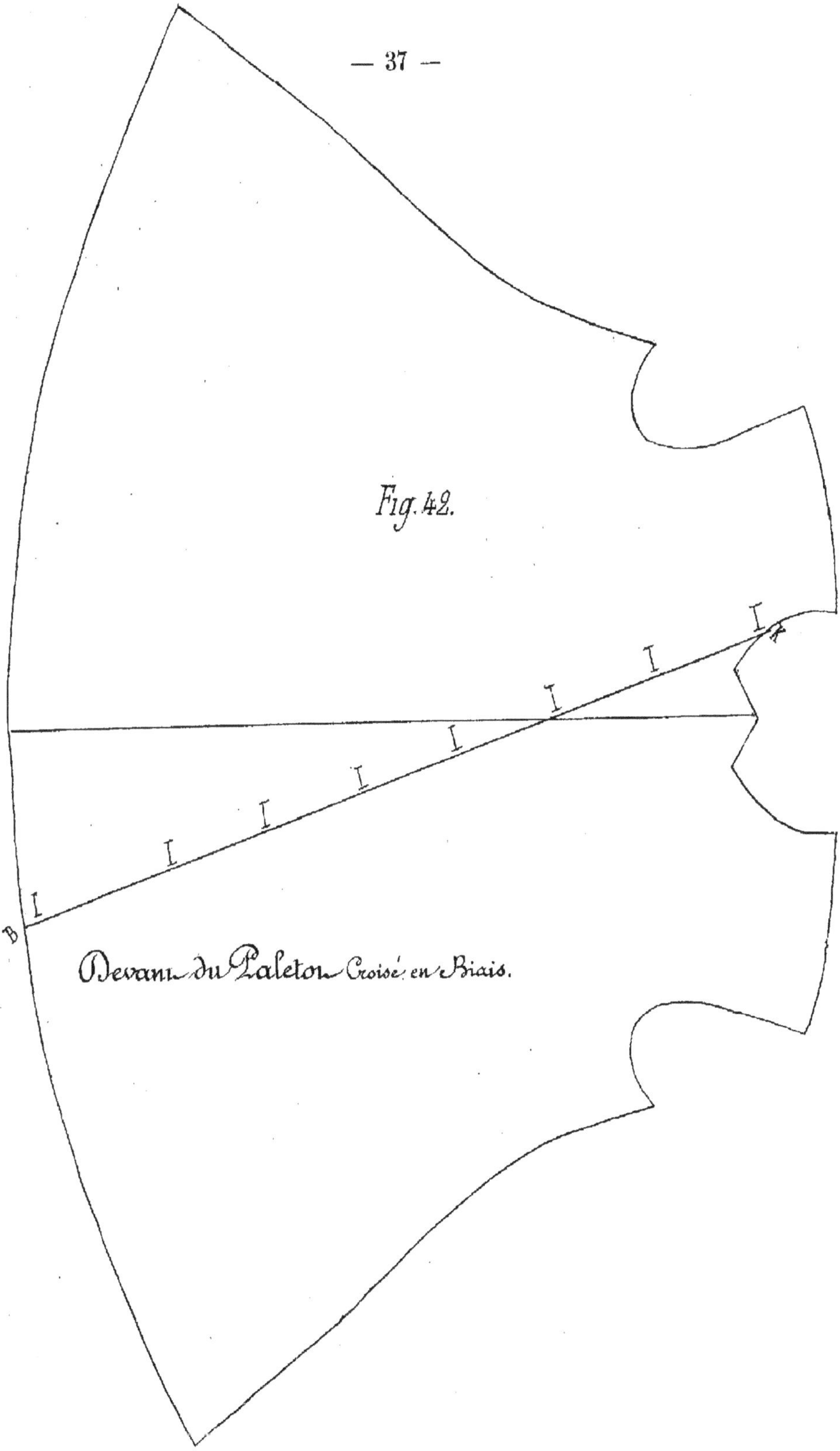

Fig. 42.

B

K

Devant du Paletot Croisé en Biais.

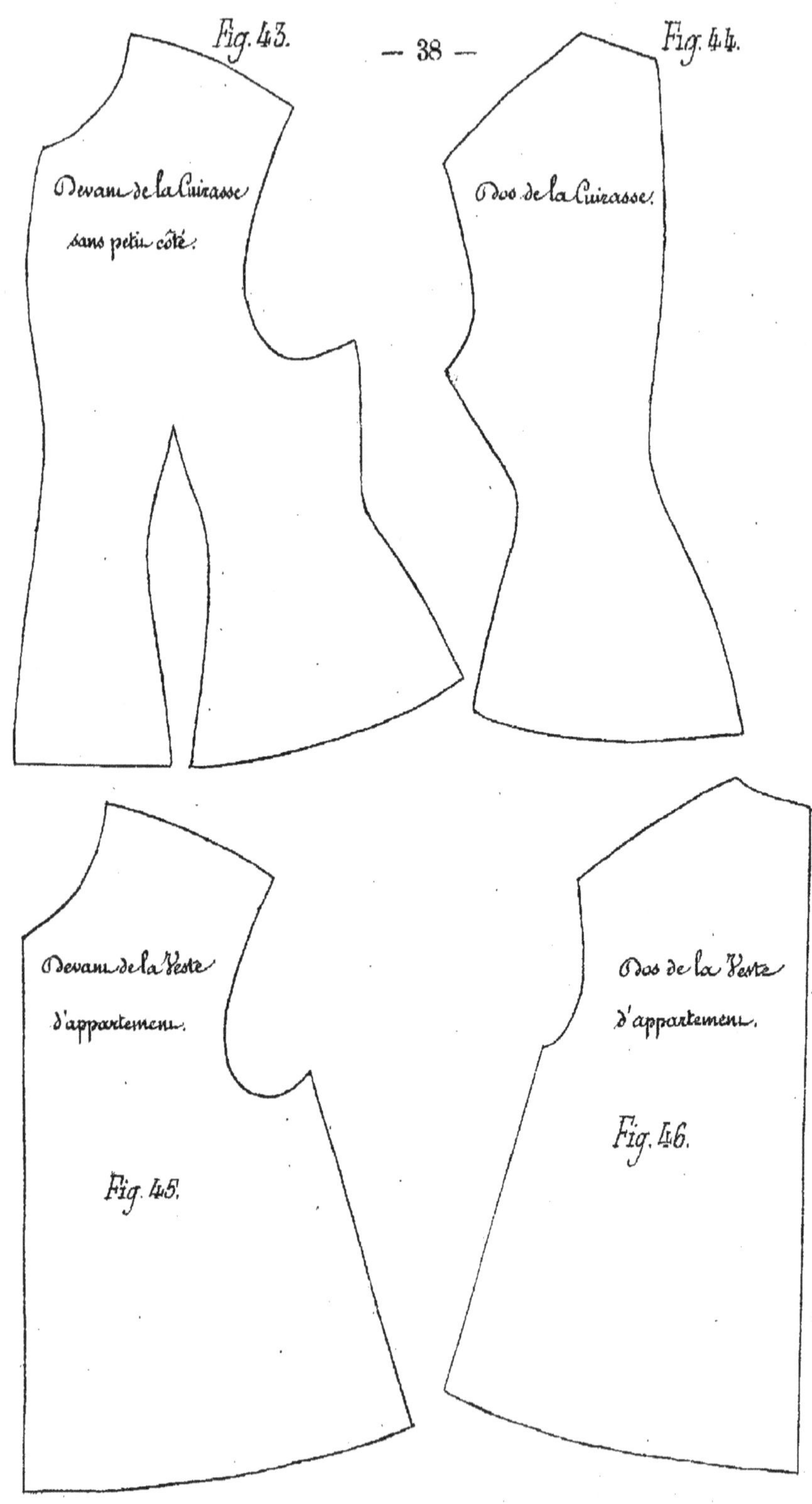
Fig. 43.
Devant de la Cuirasse
sans petit côté.
Fig. 44.
Dos de la Cuirasse.
Devant de la Veste
d'appartement.
Fig. 45.
Dos de la Veste
d'appartement.
Fig. 46.

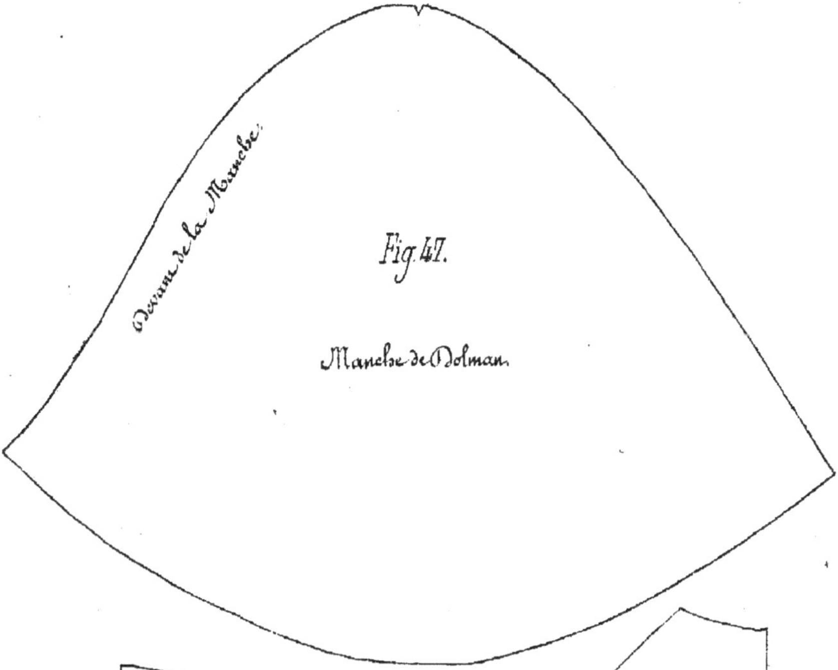

Devant de la Manche.

Fig. 47.

Manche de Dolman.

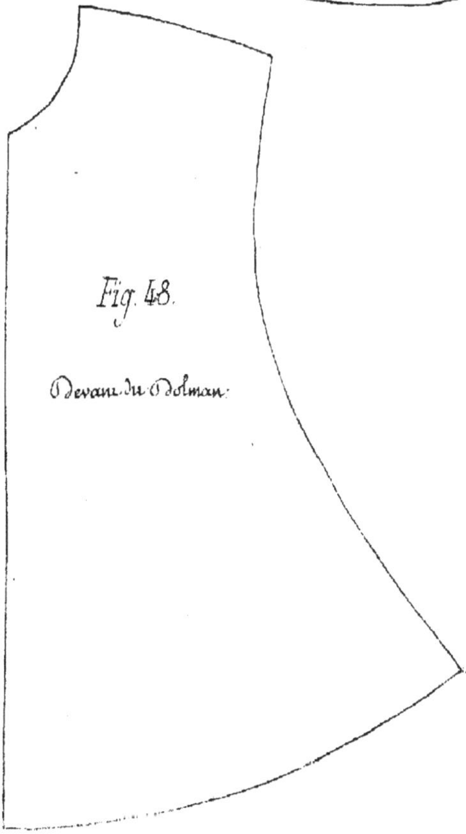

Fig. 48.

Devant du Dolman.

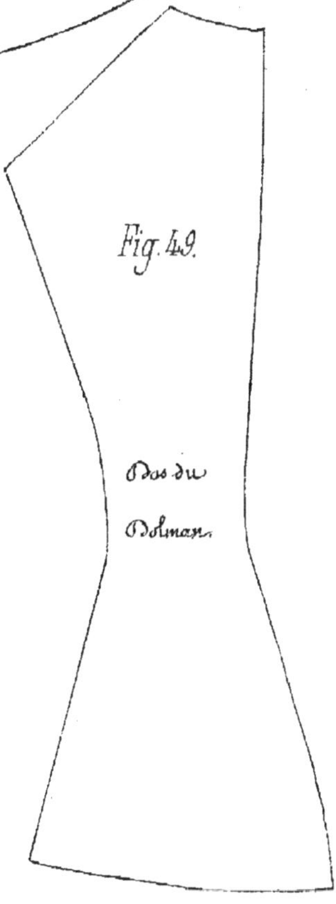

Fig. 49.

Dos du Dolman.

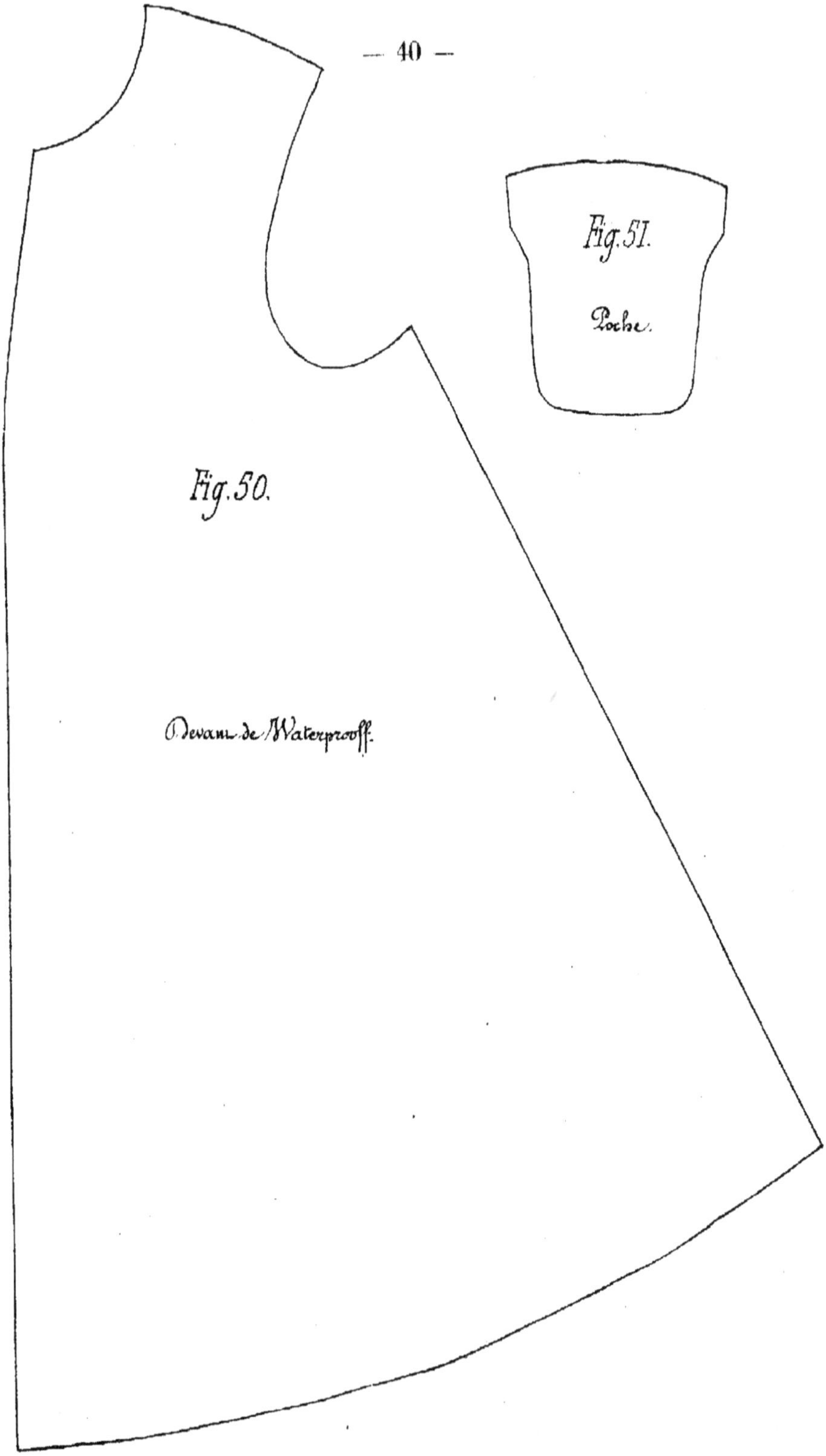

Fig. 51.

Poche.

Fig. 50.

Devant de Waterprooff.

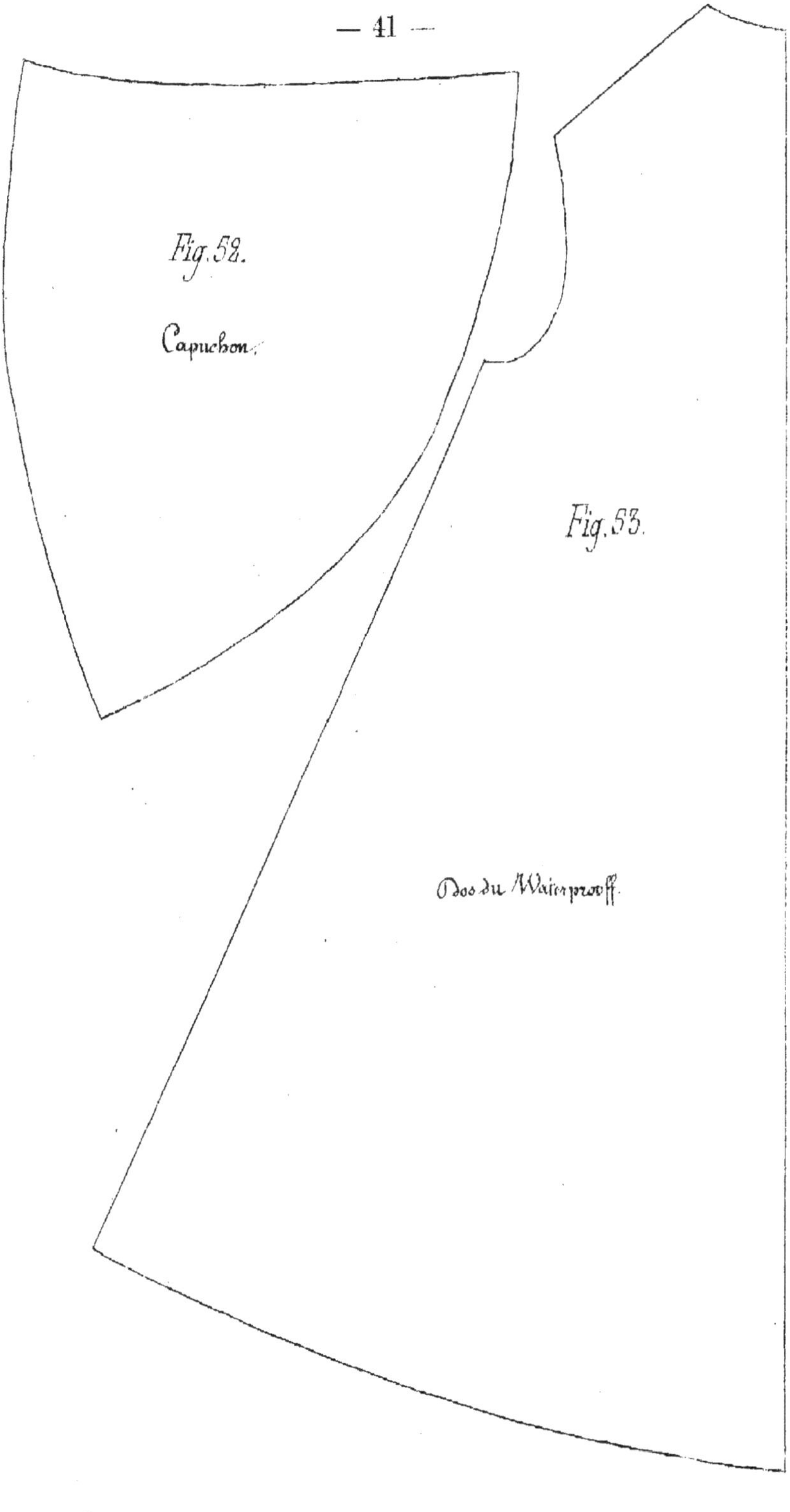

Fig. 52.

Capuchon.

Fig. 53.

Dos du Waterprooff.

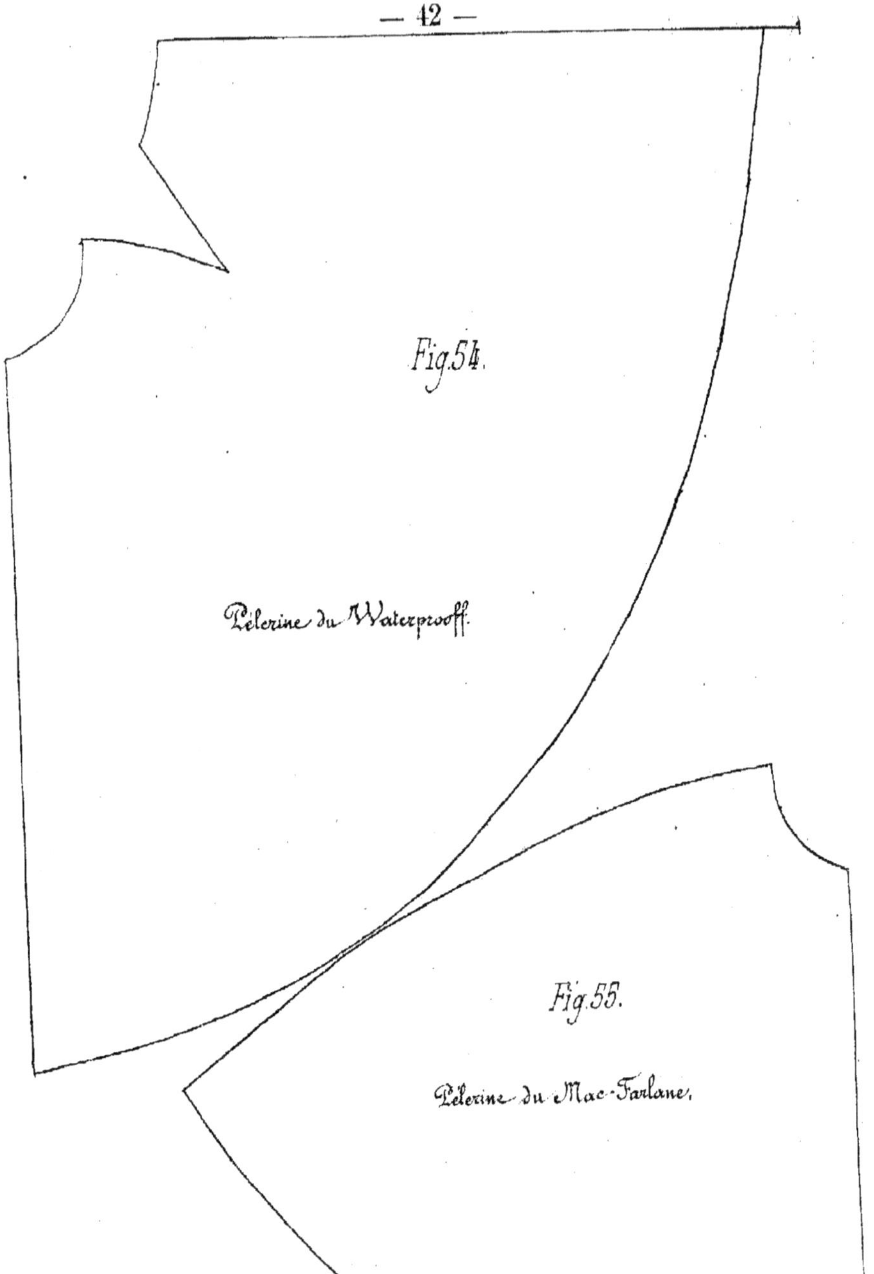

Fig.54.

Pèlerine du Waterprooff.

Fig.55.

Pèlerine du Mac-Farlane.

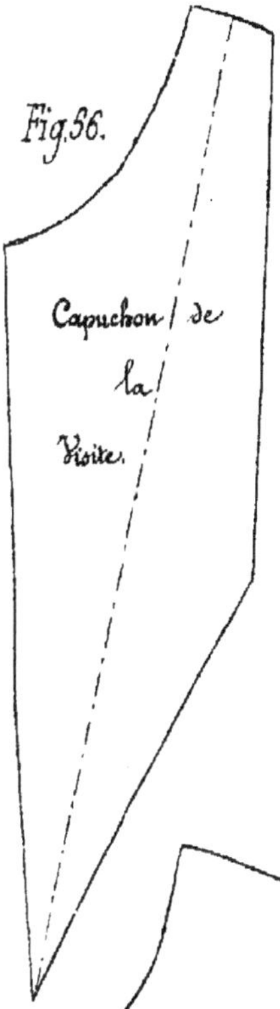

Fig. 56.

Capuchon de la Visite.

Fig. 57.

Dos de la Visite.

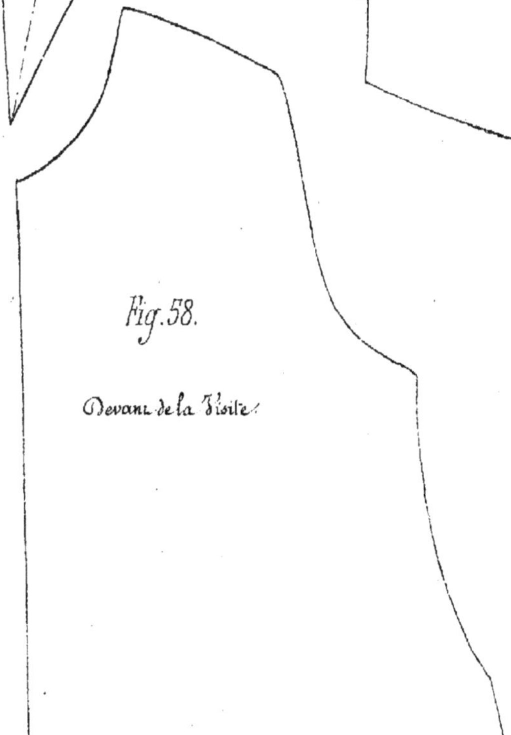

Fig. 58.

Devant de la Visite.

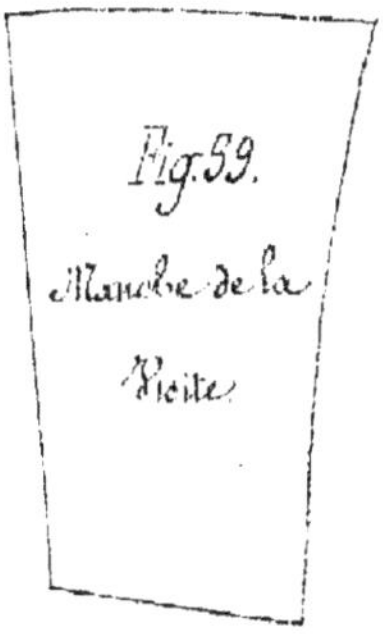

Fig. 59.

Manche de la Visite.

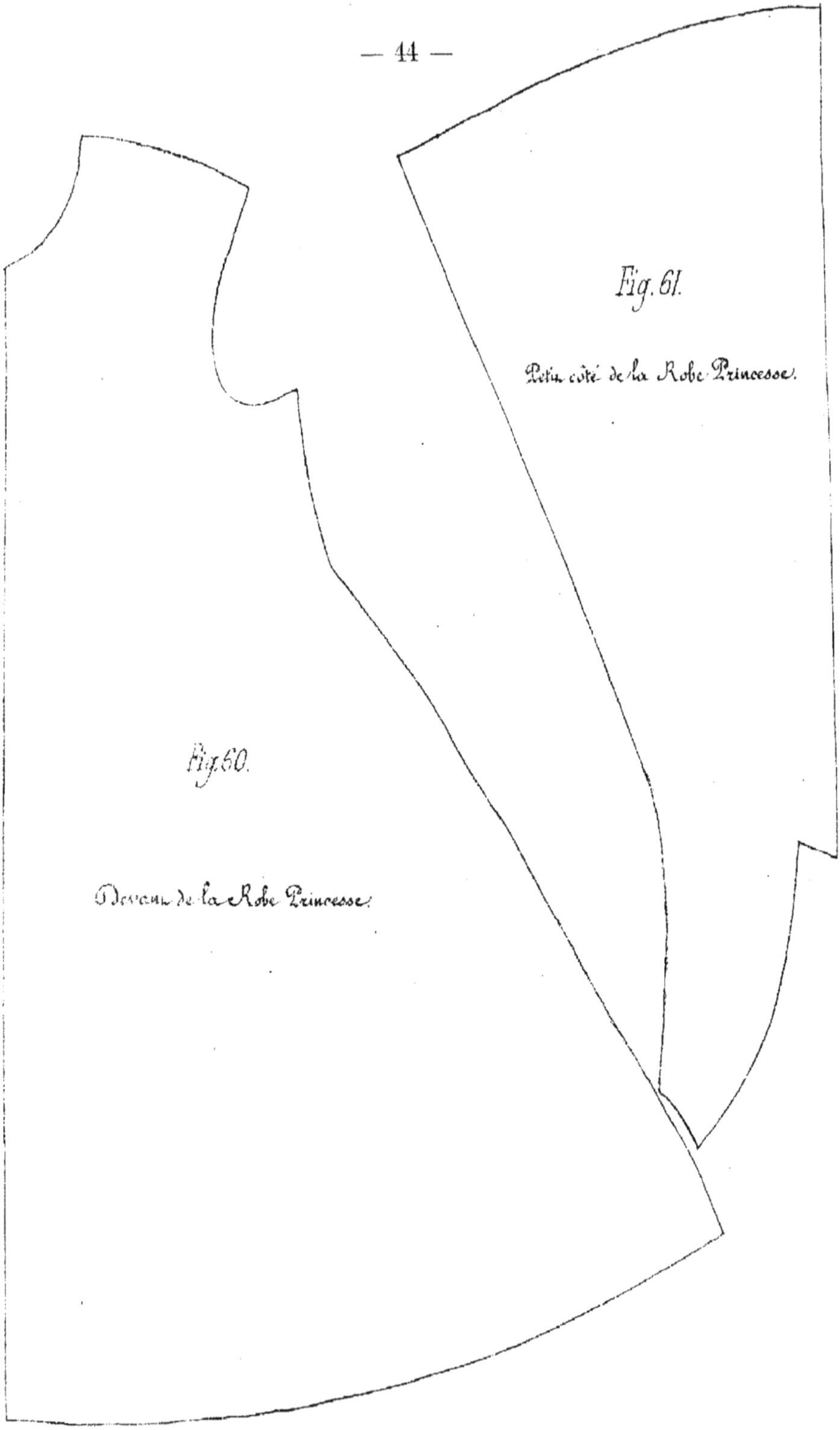

Fig. 61.

Petit côté de la Robe Princesse.

Fig. 60.

Devant de la Robe Princesse.

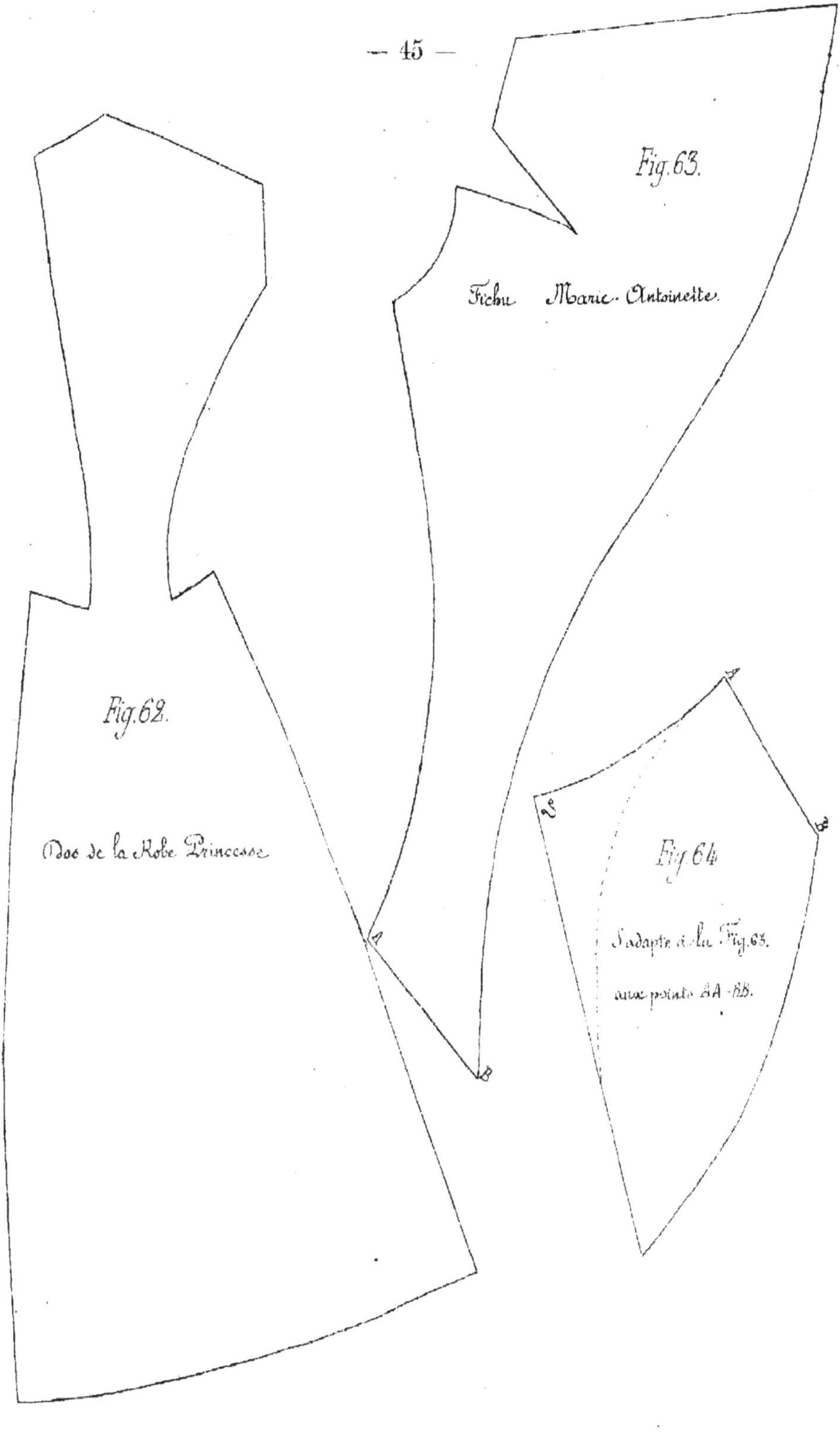

Fig. 63.

Fichu Marie-Antoinette.

Fig. 62.

Dos de la Robe Princesse

A

B

A

B

2e

Fig. 64

S'adapte à la Fig. 63.

aux points AA-BB.

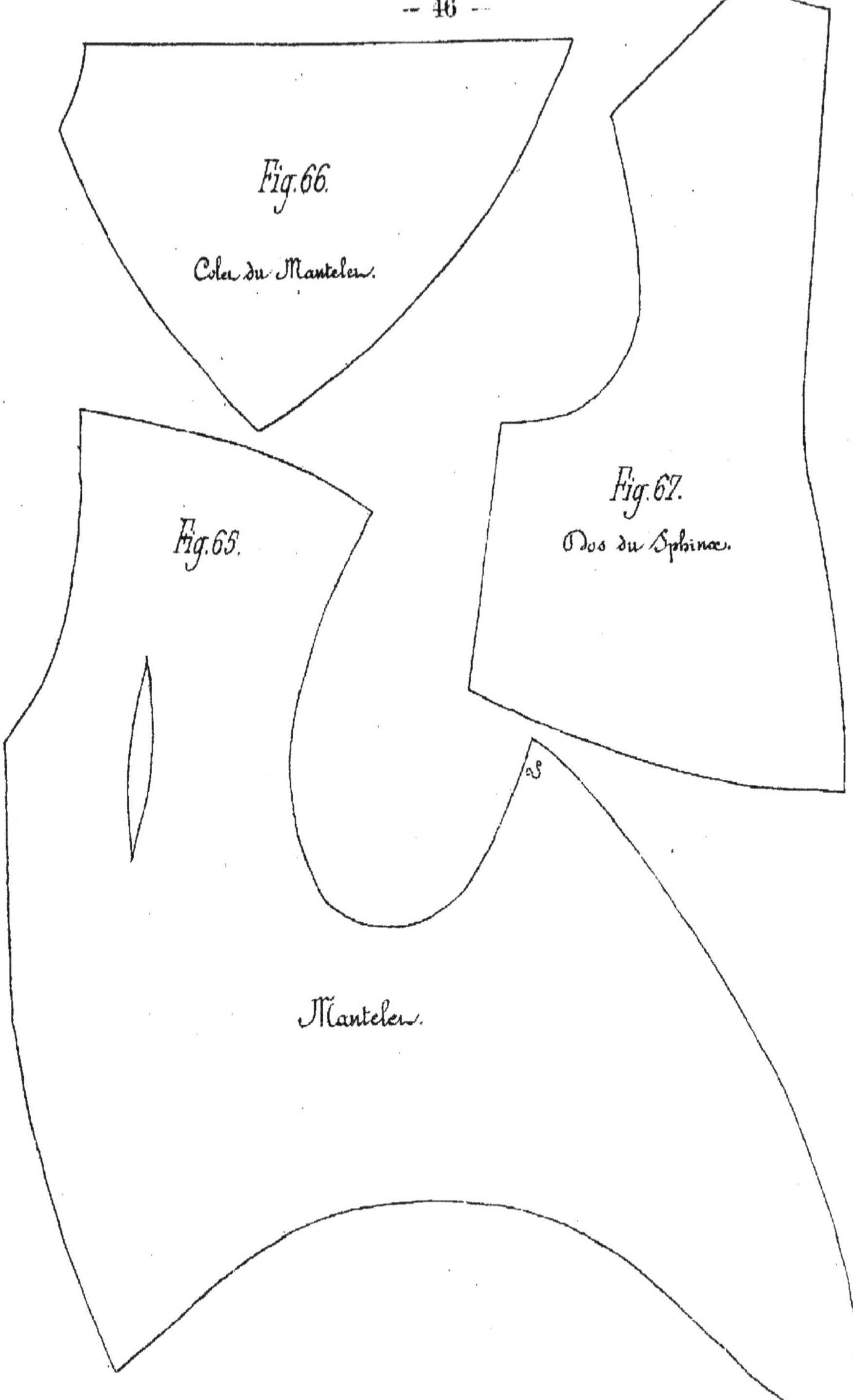
Fig. 66.
Colet du Mantelet.
Fig. 67.
Dos du Sphinx.
Fig. 65.
Mantelet.

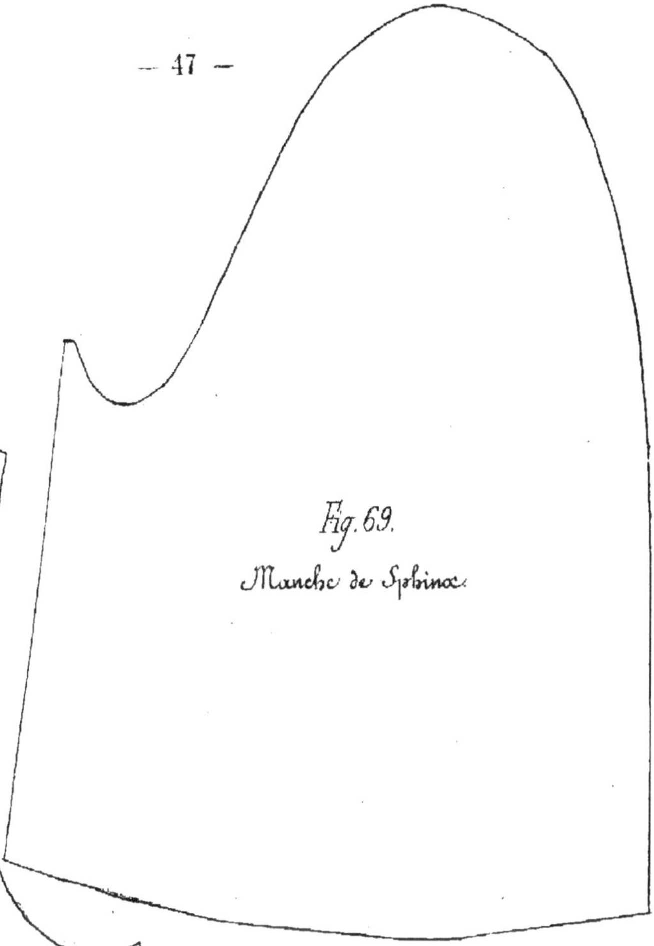

Fig. 69.

Manche de Sphinx.

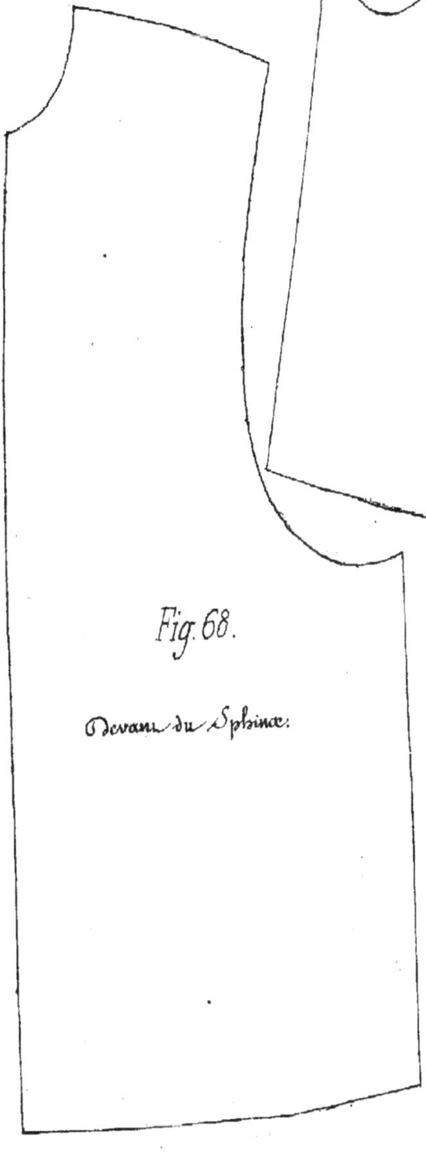

Fig. 68.

Devant du Sphinx.

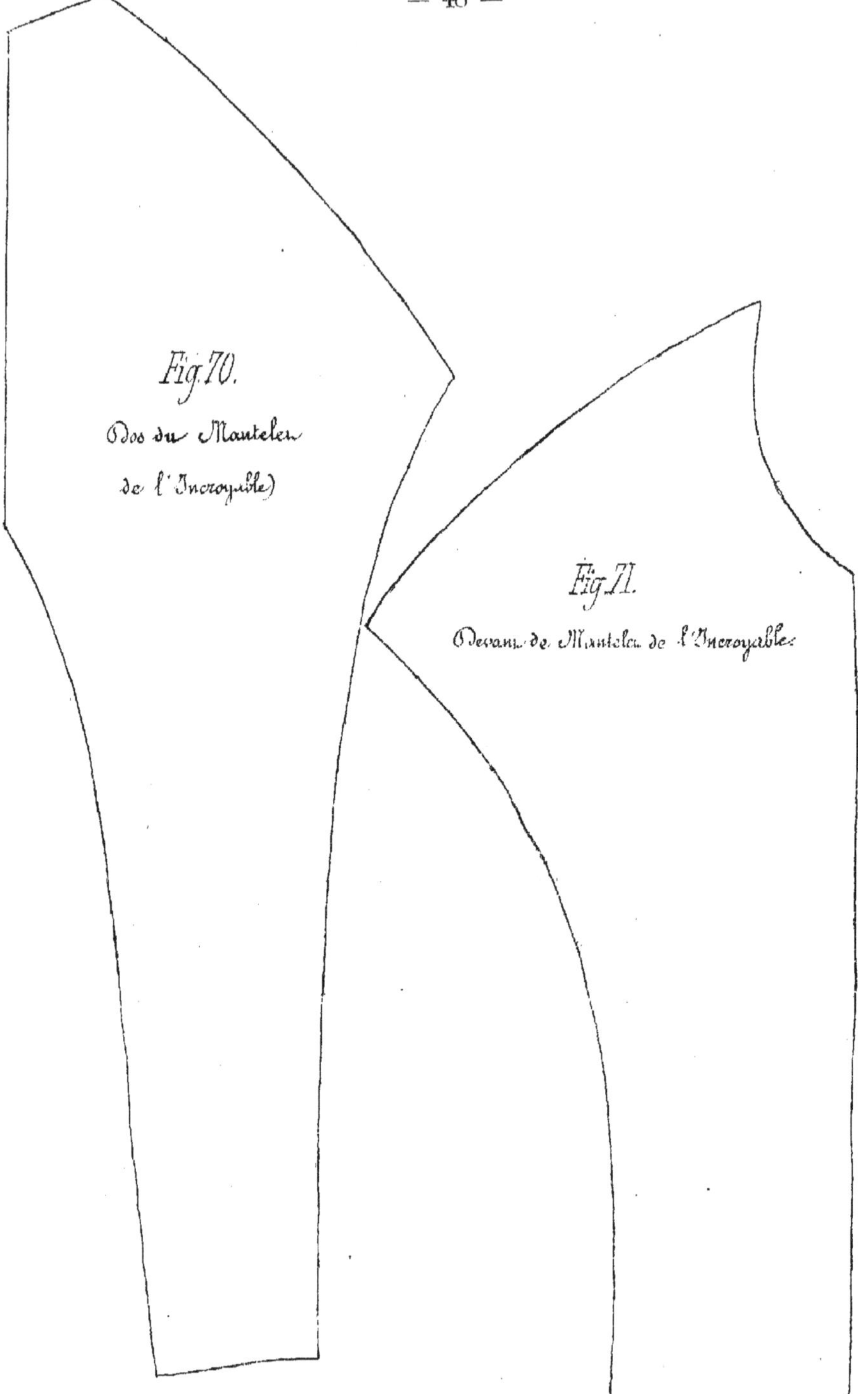
Fig. 70.
Dos du Mantelet
de l'Incroyable)
Fig. 71.
Devant de Mantelet de l'Incroyable

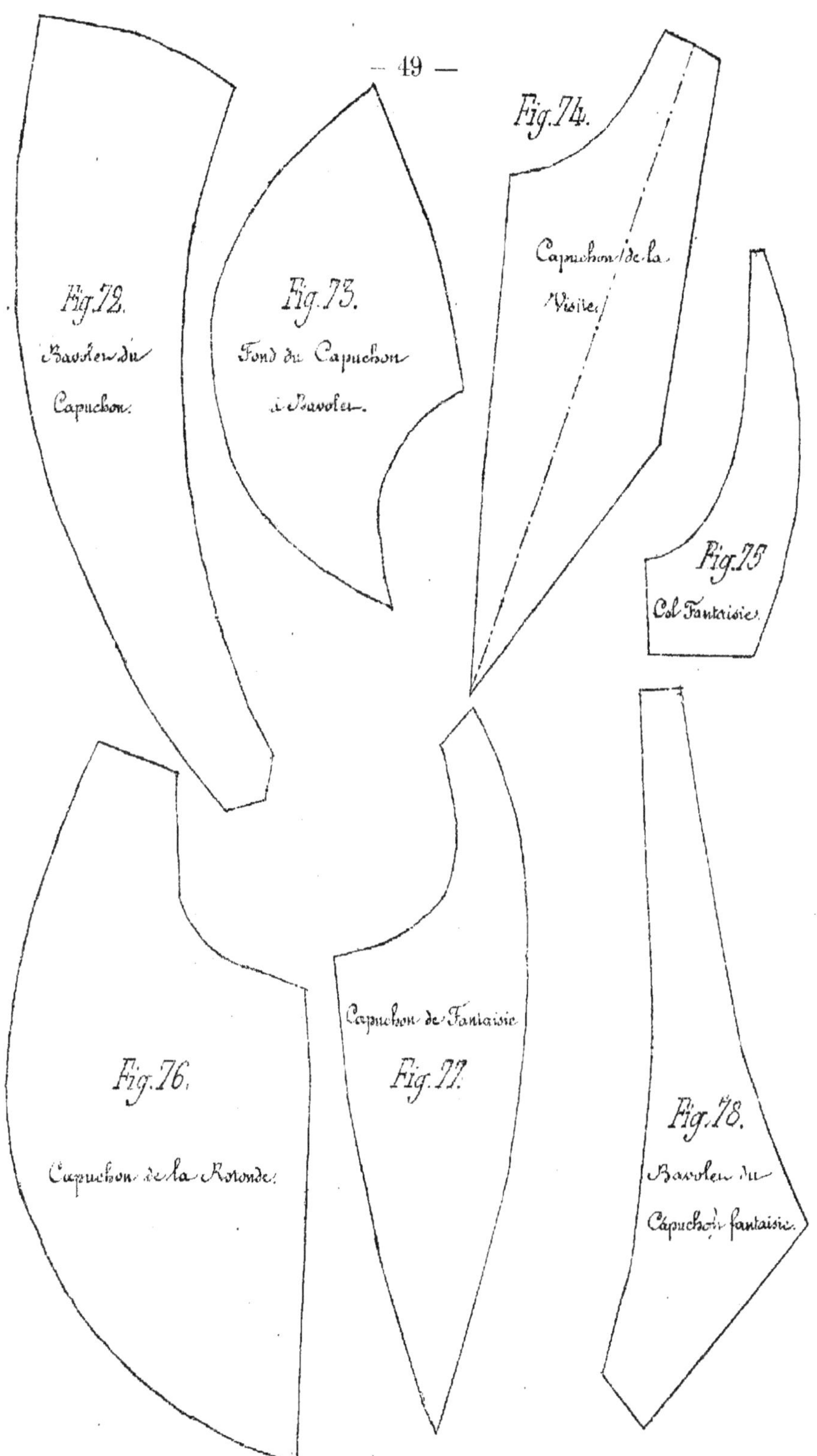
Fig. 72.
Bavolet du Capuchon.
Fig. 73.
Fond du Capuchon à Bavolet.
Fig. 74.
Capuchon de la Visite.
Fig. 75
Col Fantaisie.
Fig. 76.
Capuchon de la Rotonde.
Capuchon de Fantaisie
Fig. 77.
Fig. 78.
Bavolet du Capuchon fantaisie.

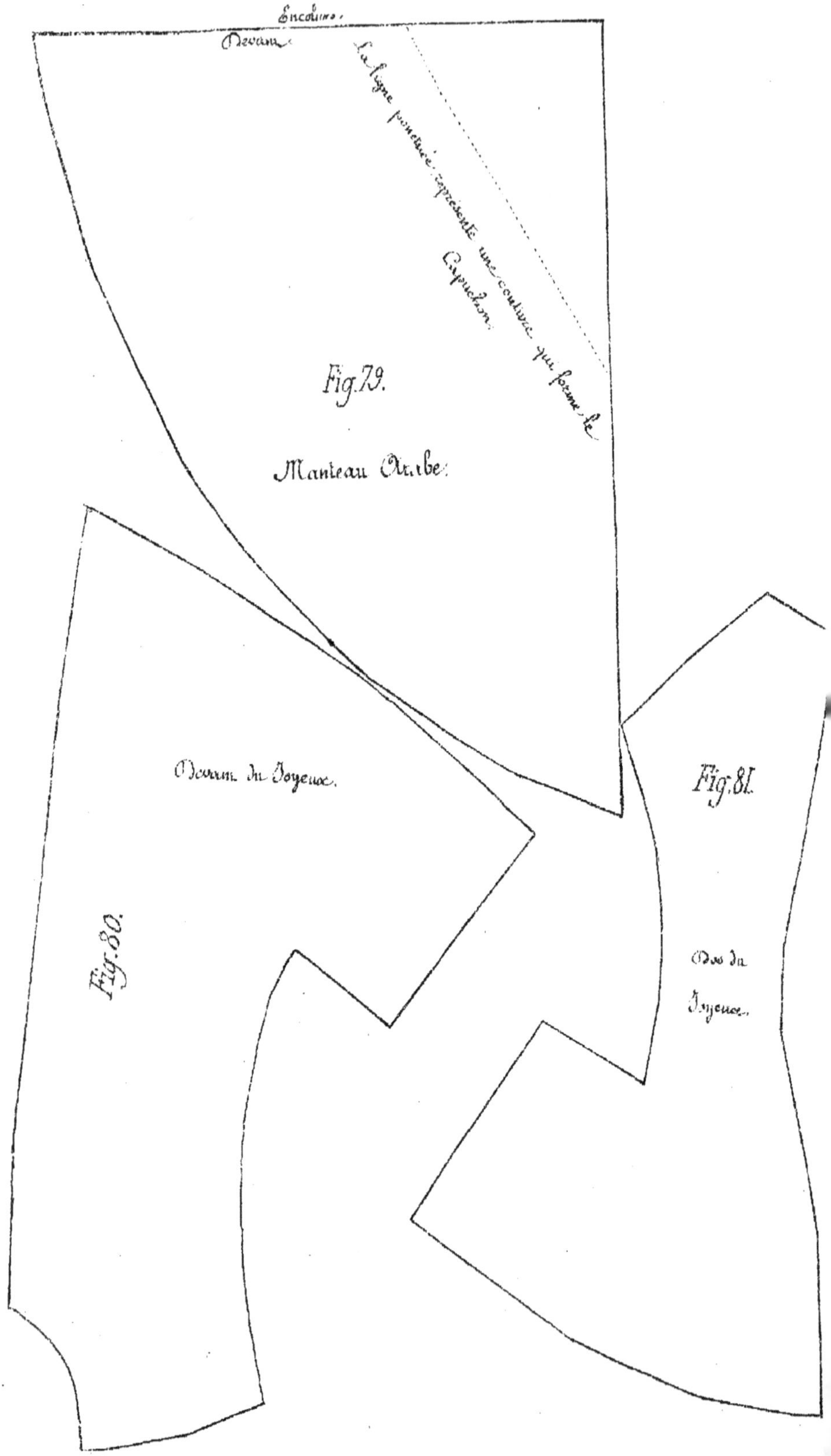

Encolure.

Devant

La ligne ponctuée représente une couture qui forme le Capuchon.

Fig. 79.

Manteau Arabe.

Devant du Joyeux.

Fig. 80.

Fig. 81.

Dos du Joyeux.

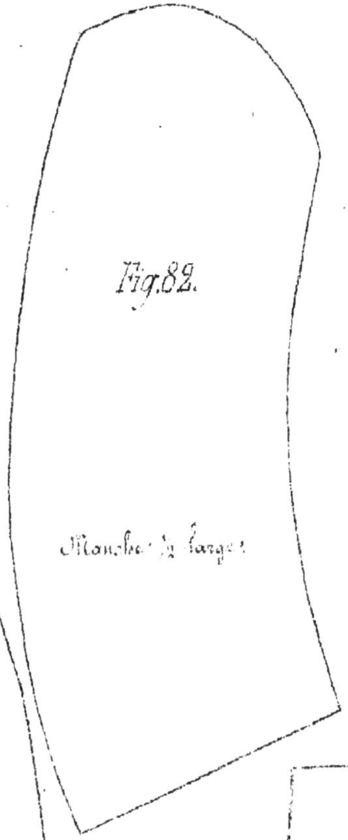

Fig. 82.

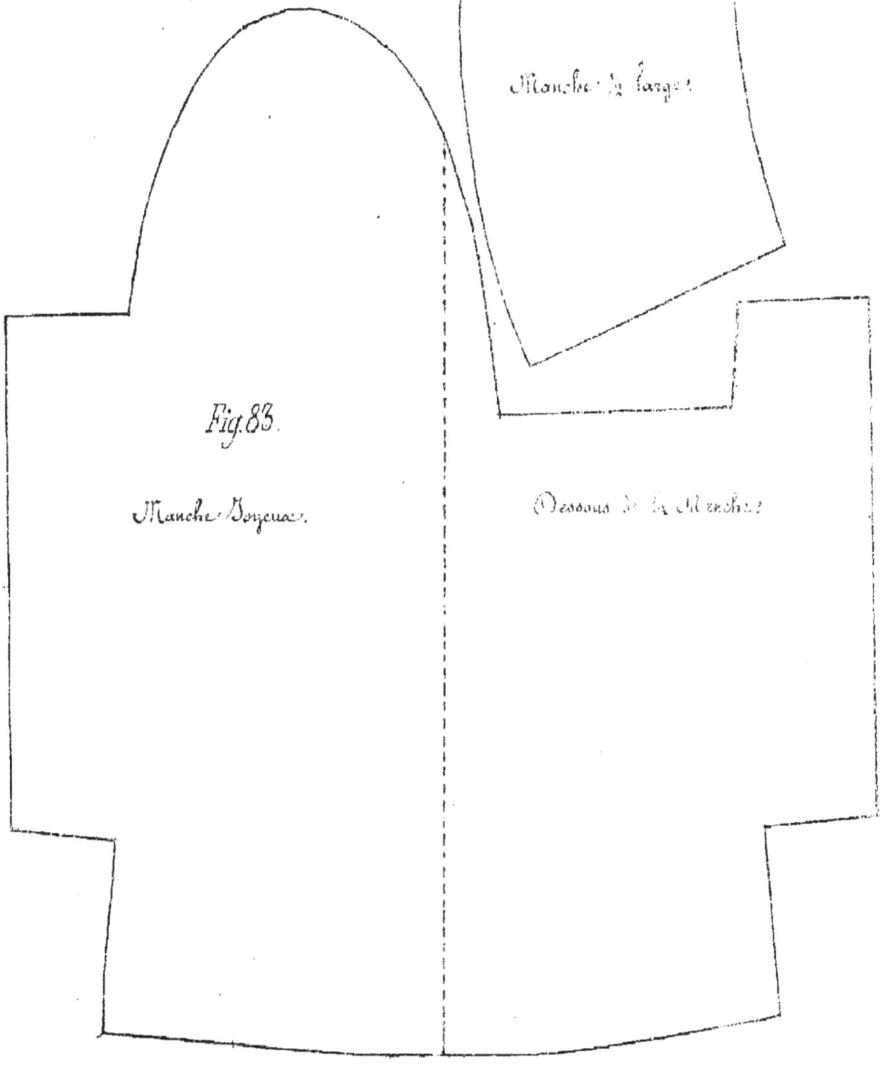

Manche la large.

Fig. 83.

Manche Joyeuse.

Dessous de la Manche.

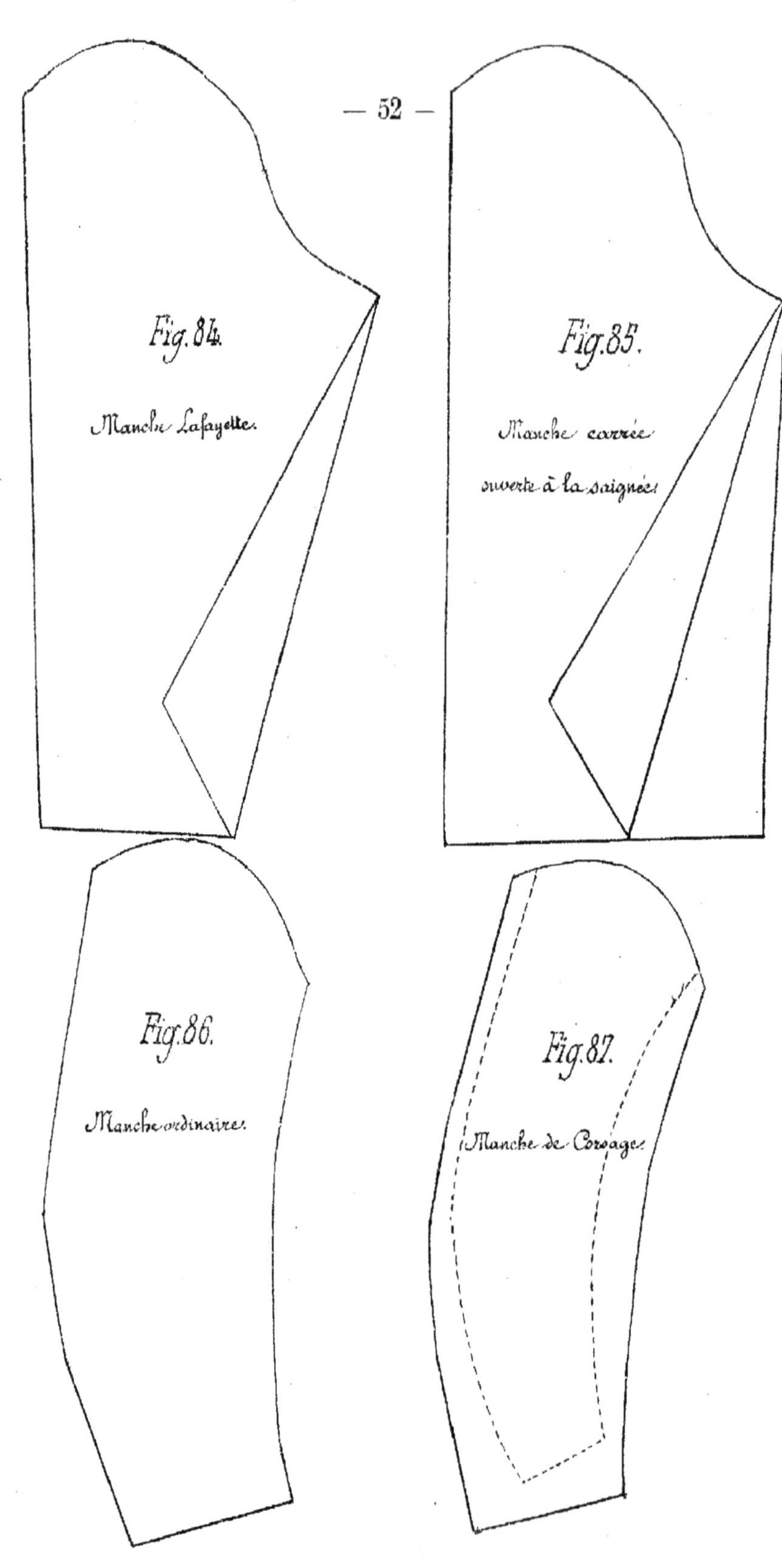
Fig. 84.
Manche Lafayette.
Fig. 85.
Manche carrée
ouverte à la saignée.
Fig. 86.
Manche ordinaire.
Fig. 87.
Manche de Corsage.

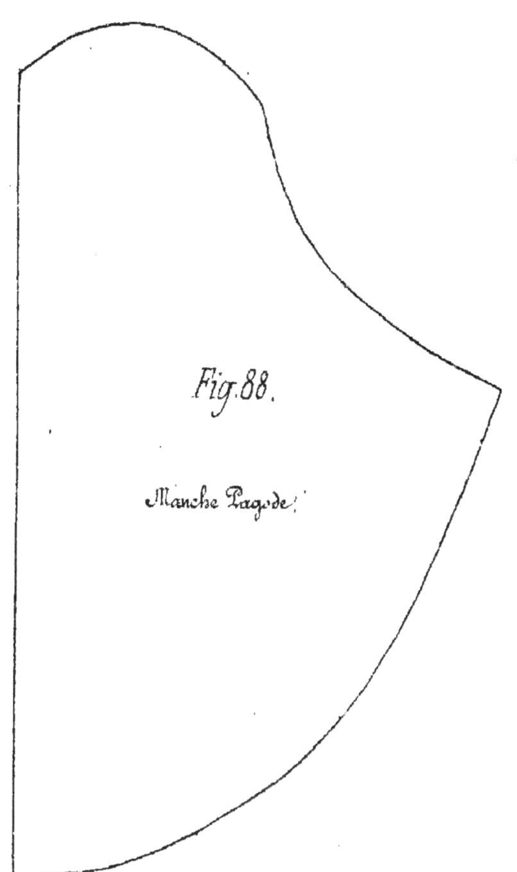
Fig. 88.
Manche Pagode.

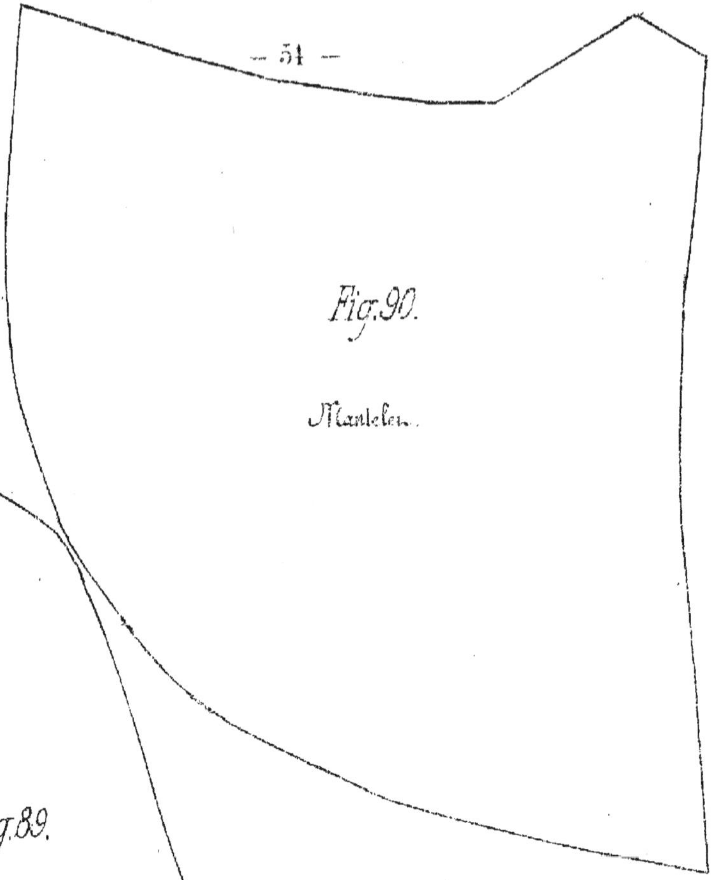

Fig. 90.

Mantelet.

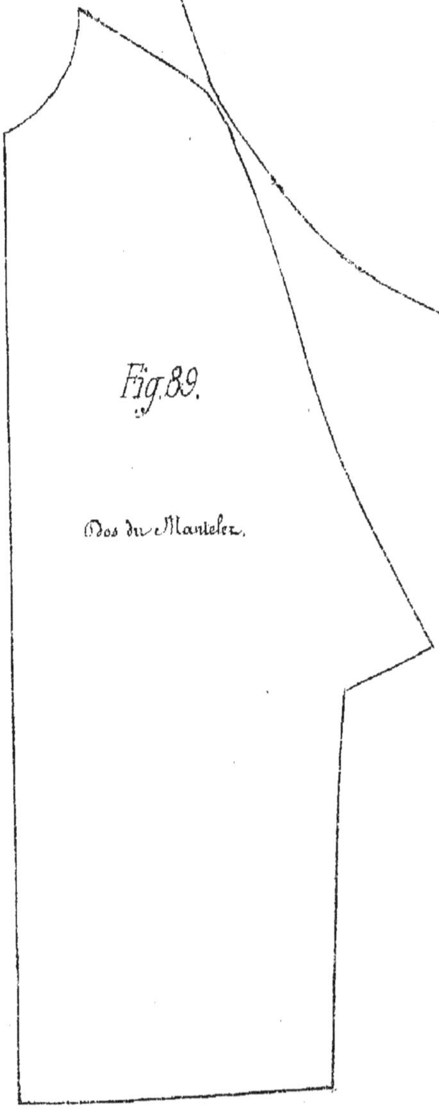

Fig. 89.

Dos du Mantelet.

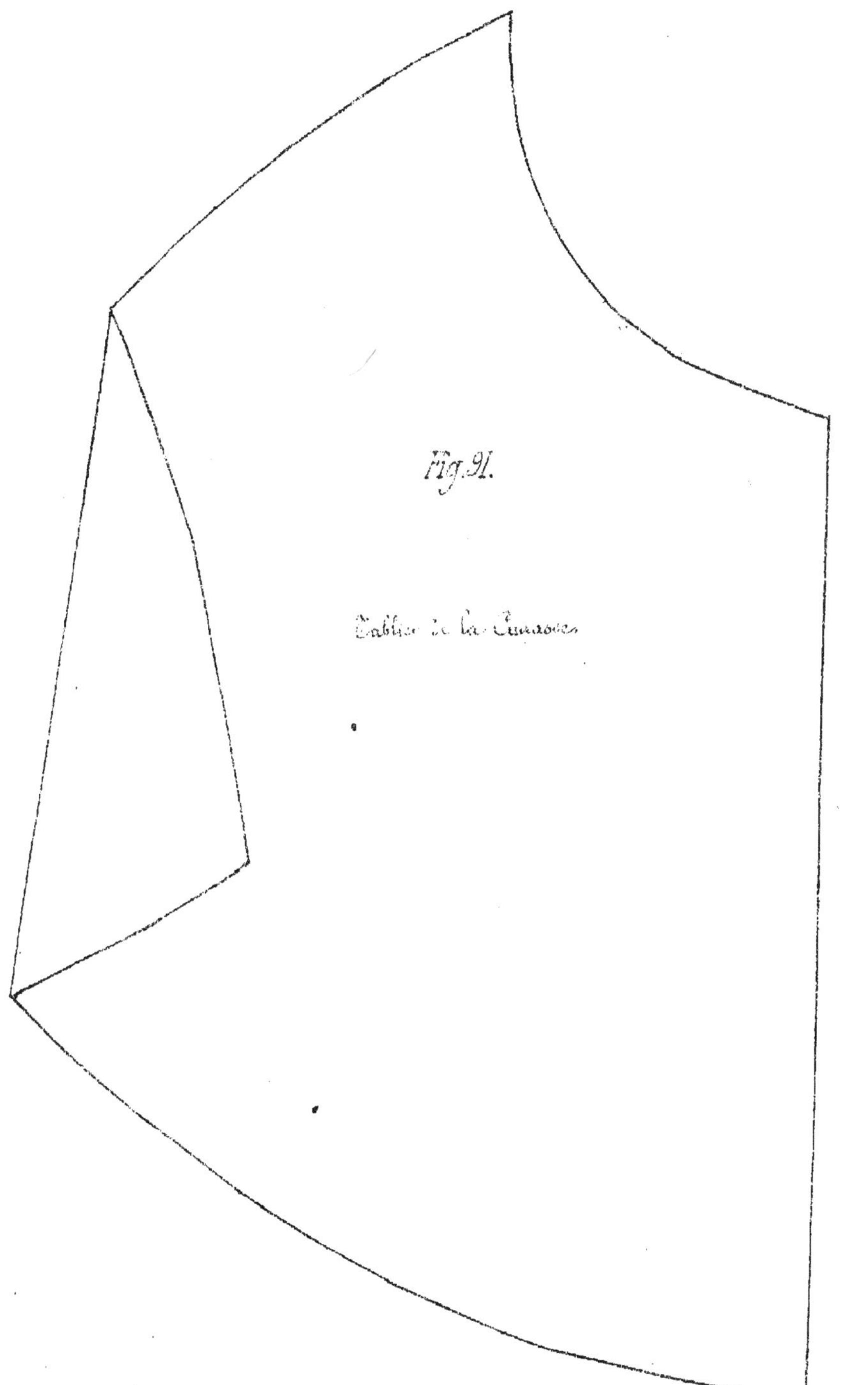

Fig. 91.

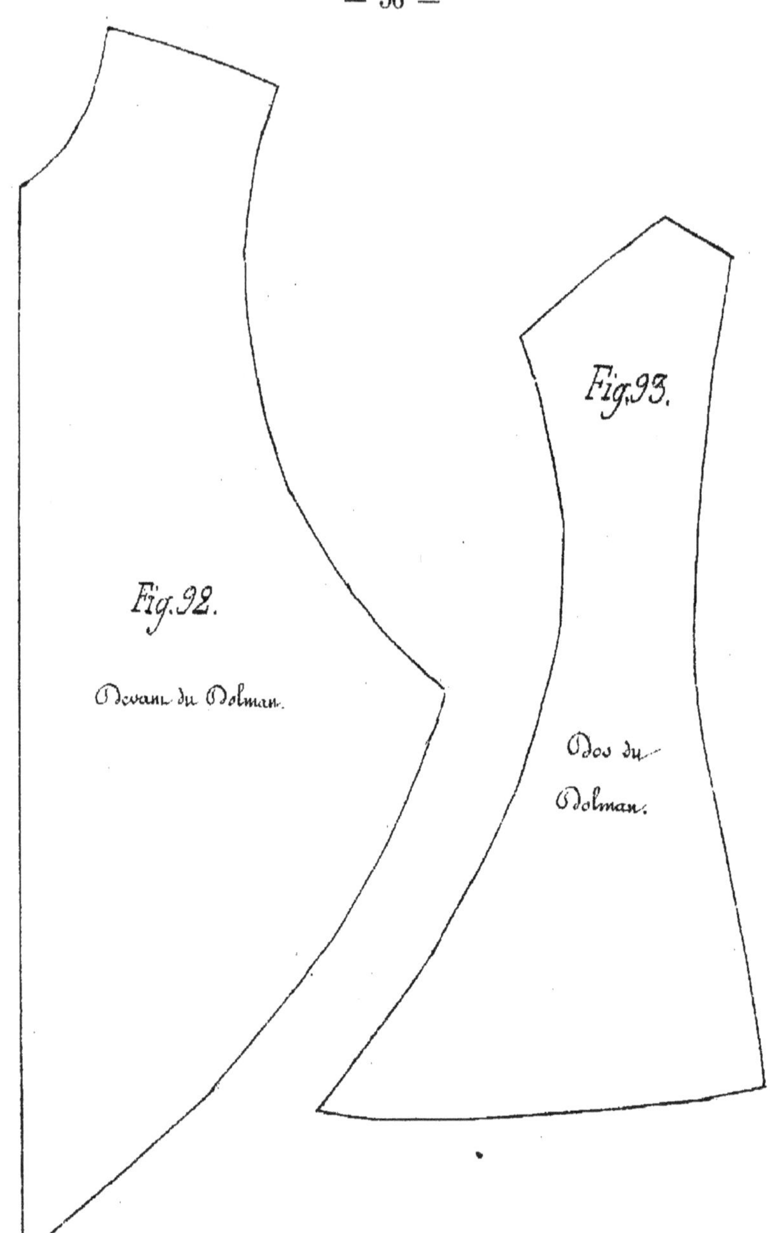
Fig. 92.
Devant du Dolman.
Fig. 93.
Dos du Dolman.

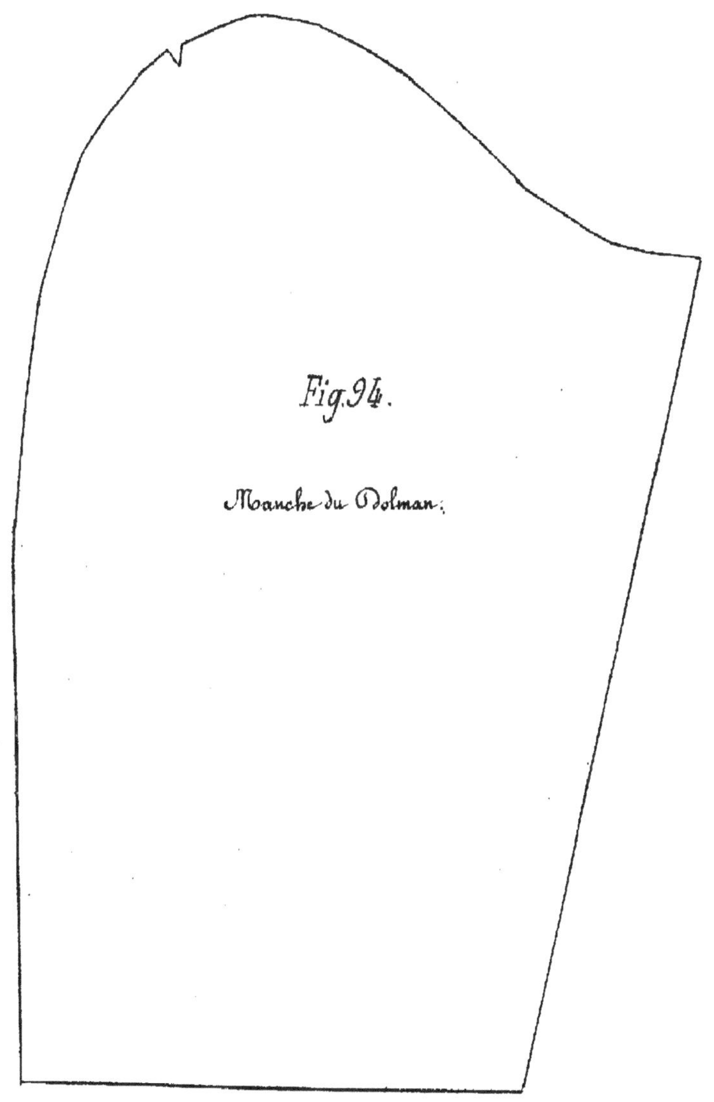
Fig. 94.
Manche du Dolman.

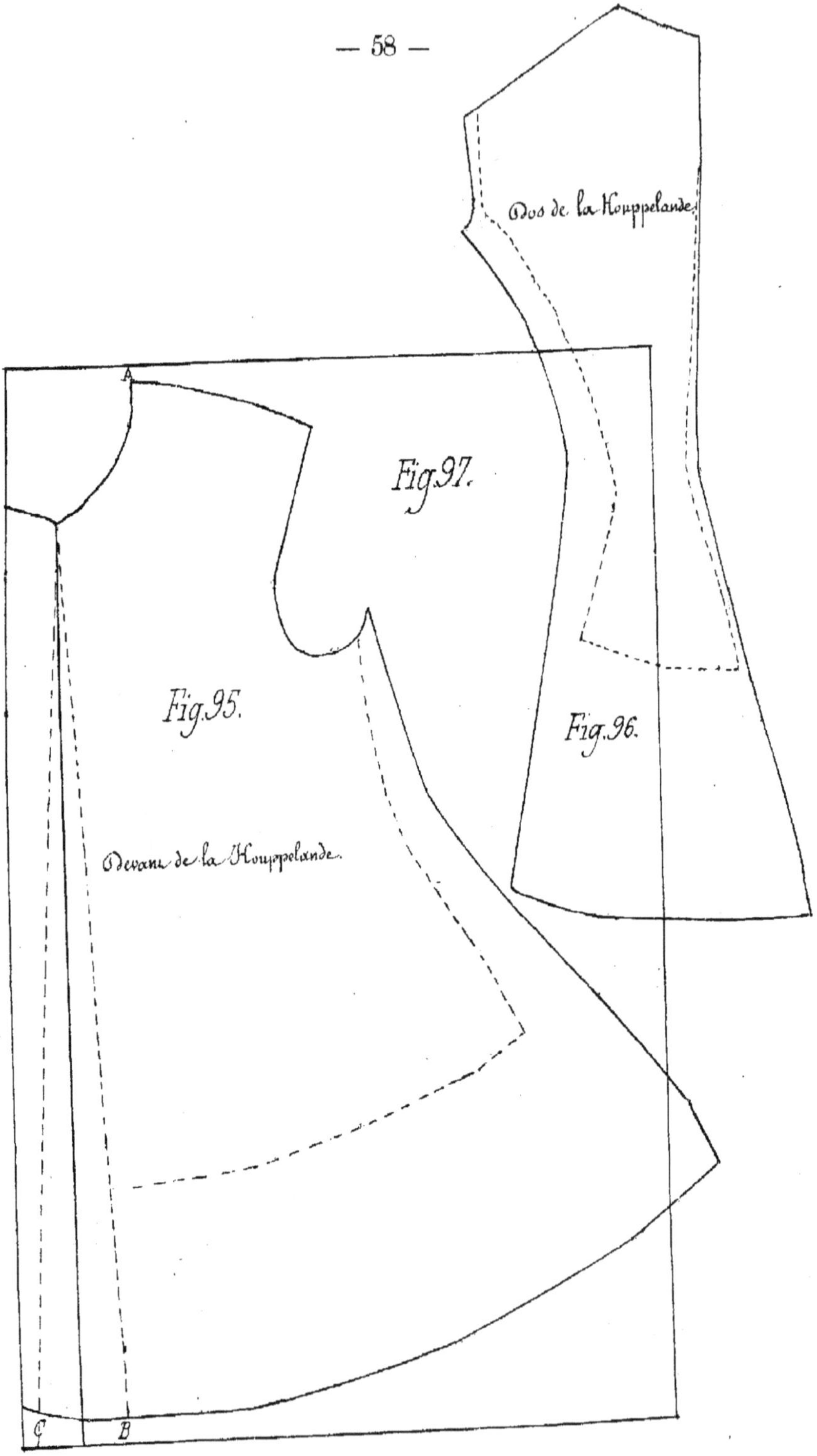

Dos de la Houppelande.

Fig. 97.

Fig. 95.

Fig. 96.

Devant de la Houppelande.

A

C

B

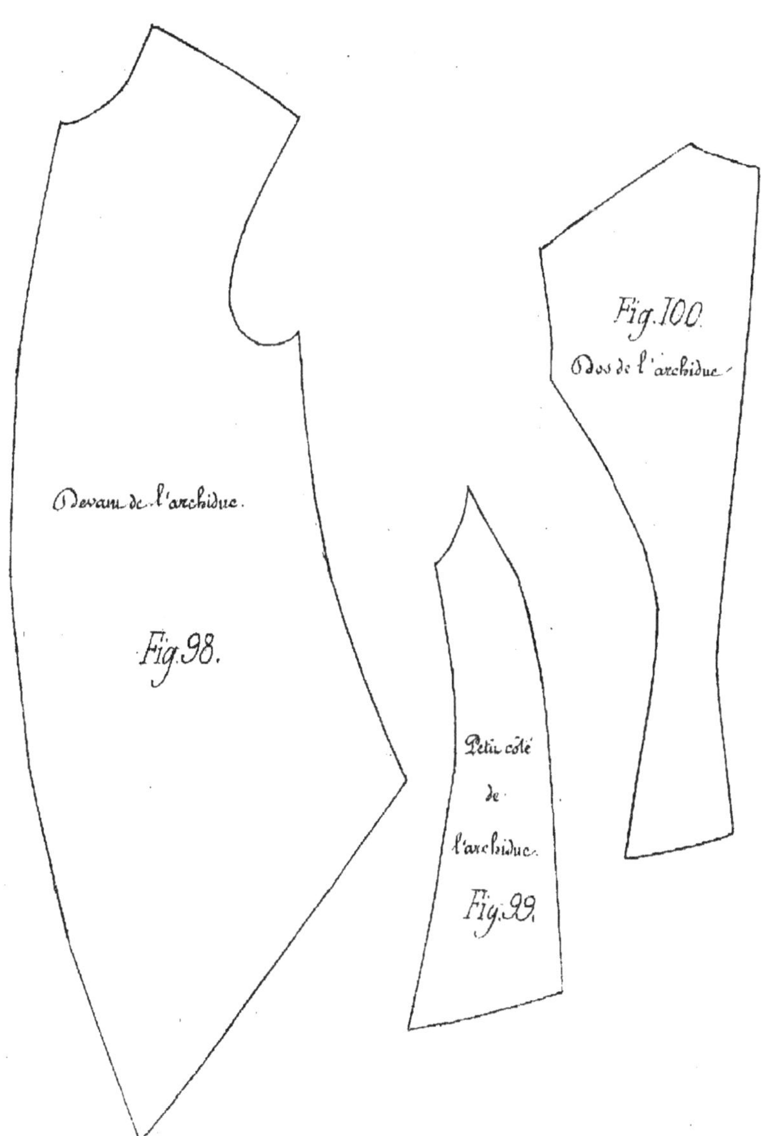
Devant de l'archiduc.
Fig. 98.
Petit côté
de
l'archiduc.
Fig. 99.
Fig. 100.
Dos de l'archiduc.

MOYEN DE COUPER LA JUPE DE ROBE

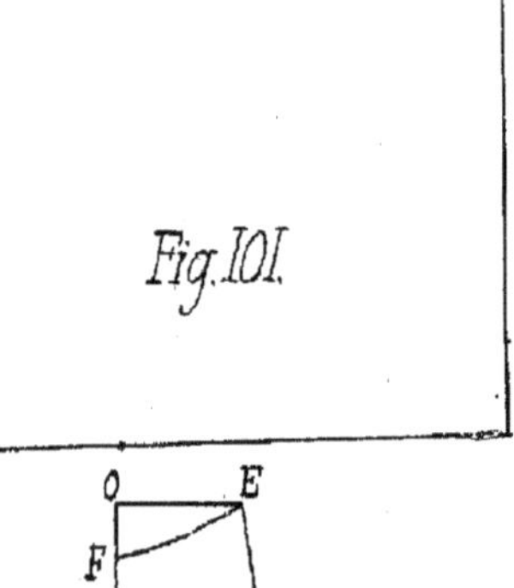

La jupe de robe se coupe de différentes manières, et nous allons démontrer le moyen qui est généralement le plus adopté, et qui nous paraît la plus simple de toutes les combinaisons.

Nous commençons par la figure 101, qui nous représente la largeur de l'étoffe, et la hauteur du lé de devant.

On plie l'étoffe par moitié, puis on tire la ligne E B, et la ligne courbe E F. *(Fig. 102.)*

Cette ligne sert à creuser le haut du lé du devant, qui doit se creuser de 4 centimètres.

La largeur du lé du devant, doit avoir 25 centimètres du haut, et 60 du bas.

Nous continuons par la pointe du devant. On appelle pointe de devant les pièces ou lés qui précèdent, à droite et à gauche, le lé du devant, ses pointes ou lés doivent avoir 10 centimètres de largeur distance D B, et 50 centimètres du bas distance C K. *(Fig. 103.)*

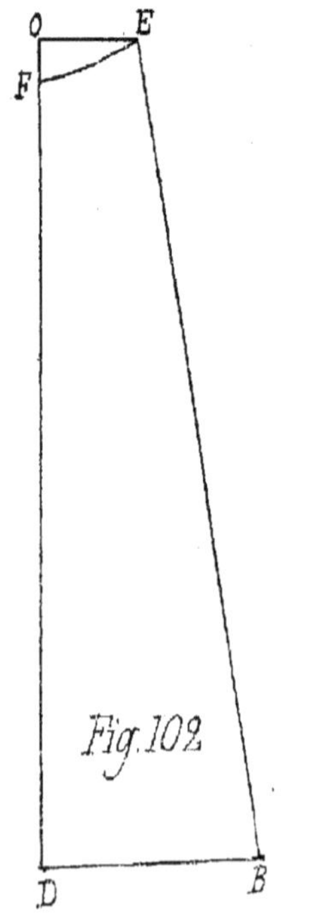

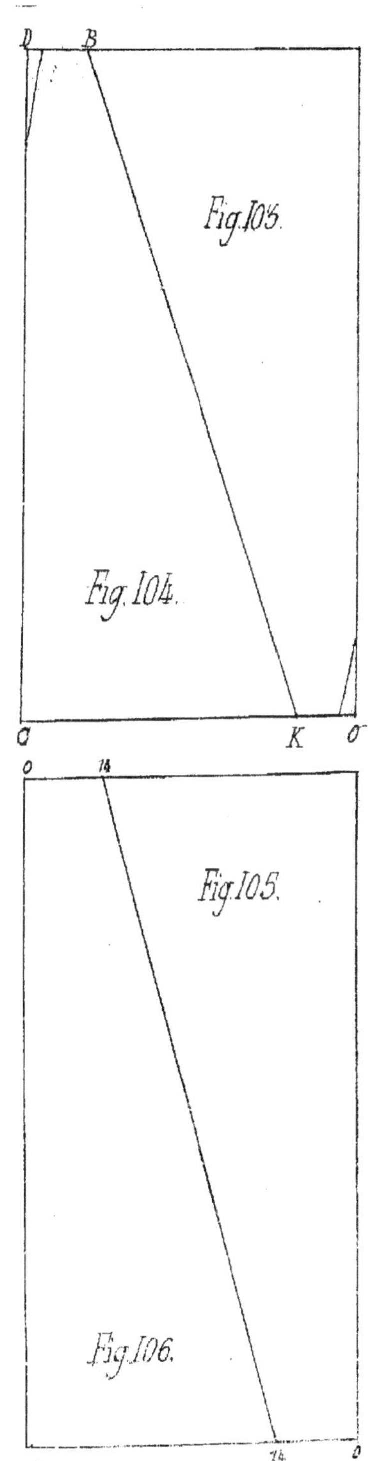

On abat 3 ou 4 centimètres au point O, pour que la jupe prenne bien sur les hanches.

Les deux pointes du devant doivent s'entrecouper, si toutefois il n'y a ni endroit ni envers dans l'étoffe ; dans le cas contraire, comme on coupe 4 pointes, on prendrait le côté droit dans un lé, et le côté gauche dans l'autre. *(Voyez fig. 103 et 104.)*

Les deux dernières pointes que l'on coupe se nomment pointes de côté, et se coupent de 5 à 6 centimètres plus large du haut que les pointes du devant, c'est-à-dire 14 à 15 centimètres de largeur du haut et 50 du bas, et s'entrecoupent comme les pointes du devant, en tirant la ligne B K. *(Fig. 105-106.)*

Il nous reste un lé à faire pour compléter l'empleur de la jupe, ce lé se fait tout simplement de la largeur de l'étoffe, et de la hauteur de la jupe, suivant les mesures prises, et se trouve par conséquent en droit fil, et se nomme pour cette raison, lé de derrière en droit fil. *(Fig. 107.)*

Si l'on voulait faire une robe à traine il suffit de laisser la longueur que l'on veut donner, et on évase les lés régulièrement.

Nous avons en tout 6 lés qui nous donnent 3 mètres d'empleur, les figures 101, 102, 103, 104, 105, 106 et 107 forment l'ensemble de la jupe.

Il est à remarquer que l'assemblage des coutures doit toujours se faire un lé en biais et un lé en droit fil.

La largeur d'une jupe de bonne taille, c'est-à-dire d'une taille moyenne, doit avoir 1,05 devant.
1,20 derrière.

Empleur du bas garni 3^{m}. »
Sans garniture 3^{m}.60

Fig. 107

De l'Essayage

L'essayage est une des causes qui contribuent toujours aux succès du coupeur ou de la coupeuse. Dans l'essayage, plus que dans toute autre chose, on doit procéder avec ordre, c'est-à-dire que l'on doit toujours s'y prendre de la même façon, pour éviter les tâtonnements. Voici une manière d'essayer qui nous a toujours servi avec succès et qui est des plus simples. On aura soin d'abord de faire bâtir le vêtement pas trop petit point, de façon à ne pas rencontrer de résistance dans le cours de l'essayage, car ce principe consiste à débâtir constamment dans les parties que l'on juge incorrectes, puis on épingle au fur et à mesure, mais ce que l'on doit faire avant tout, lorsque l'on aura passé le vêtement sur la dame, c'est de rapprocher les devants l'un contre l'autre, comme s'il s'agissait de faire une couture, puis on fixe les devants en les épinglant, en observant que tout soit bien en place, c'est-à-dire que le vêtement soit bien rentré sur la personne, puis on passe au détail de l'essayage, en commençant toujours par les points les plus saillants, ou, si l'on préfère, dans la partie où il y a le plus à retoucher, et, comme nous l'avons dit, ne pas hésiter à débâtir pour bien emboîter la partie qui demande à l'être, on épingle ensuite le bâti qui aura été rompu.

L'on doit éviter de bâtir la manche après le vêtement, et ne l'essayer qu'en dernier de tout, en l'épinglant à l'emmanchure. L'on doit toujours faire bâtir les tissus à l'endroit, parce que cela flatte toujours l'œil de la cliente, de même que les coutures devront être bâties en dessus, pour avoir la facilité de reprendre et d'épingler. La généralité des femmes ont la manie, aussitôt qu'on leur a mis le vêtement sur le dos, sans attendre que l'on ait placé la première épingle, vite est d'accourir à la glace ; l'essayeur doit poliment maintenir sa cliente en lui faisant observer que l'essayage n'étant qu'une sorte d'esquisse, elle ne peut encore juger de l'effet, l'on aura soin surtout, en retirant les épingles qui auront fixé le devant, de les replacer au même endroit, pour conserver cette marque qui est très-utile, et à la correction du vêtement on devra, avant de retirer les épingles, faire une marque quelconque, soit en passant un fil blanc, ou avec de la craie et surtout des deux côtés. Cette marque est indispensable pour la pose des boutons ; il suffit de placer ces deux marques l'une sur l'autre et, à l'endroit où se trouveront les boutonnières, il ne restera plus qu'à marquer les boutons, que le vêtement soit croisé ou pas.

DEUXIÈME PARTIE

MOYEN DE COUPER LE VÊTEMENT

ou Confection des Fillettes

Les enfants se divisent en trois catégories ou trois degrés, que nous classons dans l'ordre suivant :

1° Le bébé, ou l'enfant d'un an à trois ans.
2° La fillette de 4 à 9 ans.
3° La jeune fille de 10 à 16 ans.

Pour couper le vêtement de jeune fille, soit corsage de robe ou confections, on procède de la même manière que pour le vêtement de dame, c'est-à-dire que l'on fait d'abord le corsage ajusté, puis on donne la forme et la tournure que la mode exige.

Cependant il est bon de remarquer que les bébés et les fillettes ont presque tous la poitrine et le ventre en avant, et sont aussi gros de taille que de la poitrine, et souvent même sont plus gros de taille. Or, pour que le vêtement aille bien, procédons comme nous l'avons démontré, toujours par la 1/2 grosseur dessous bras, mais en laissant de l'ampleur dans le bas du vêtement, quelle que soit la forme. Il est donc inutile de revenir sur ce que nous avons déjà dit : prenons par exemple une fillette de 4 ans, que nous voulons habiller. Nous faisons le tracé ordinaire, indiqué par la figure 9, puis on lui fait subir le changement qu'indique la figure 108 à la page 66, c'est-à-dire que l'on fait une emmanchure en diagonale, au lieu d'être verticale, comme le sont les grandes emmanchures, puis on abat l'épaulette d'un fort centimètre du côté de l'emmanchure, si bien que le haut du devant prend la forme d'un angle optu, en un mot l'épaulette ne ressemble en rien à l'épaulette ordinaire, ce qui ferait supposer aux personnes qui n'ont pas l'habitude de faire le vêtement d'enfant, que ce genre de coupe n'aille bien, et cependant notre expérience nous a prouvé le contraire.

Proportions dont les grosseurs correspondent aux âges et des longueurs des manches

AGES	1/2 GROSSEURS
3	25
4	26
5	27
6	28
7	30
8	31
9	32
10	33
11	34
12	35
13	36
14	37
15	38
16	40

Les proportions que nous donnons ci-contre sont très-utiles dans certain moment, soit pour établir des modèles, soit que l'on veuille se renseigner sur les proportions que l'on aurait besoin.

AGES	LONGUEURS
2	28
3	30
4	32
5	34
6	36
7	38
8	42
9	46
10	48
11	50
12	52
13	54
14	56
15	58
16	60

PARDESSUS, PALETOTS & AUTRES FORMES DE VÊTEMENTS

Pour bébés de 1 à 2 ans

Comme corsage de fillettes, nous n'essayerons pas de fixer les idées pour telle ou telle autre forme, car la mode varie si souvent que le modèle démontré aujourd'hui deviendrait inutile demain.

Nous allons seulement nous occuper du nouveau modèle de pardessus, qui se fait en ce moment et qui sort un peu de l'ordinaire.

Ce pardessus est légèrement ceintré, mais tout en dessinant la taille, on ne doit pas l'ajuster comme le corsage. On met des martingales ou pattes derrière, au bas de la taille, comme la capote de mobile. Les poches unies, c'est-à-dire sans fronces dans le haut; on remplace les fronces par une patte. Ce pardessus se fait croisé à deux rangs de boutons et col marin, on substitue le parement par une patte et 2 boutons au bas de la manche. *(Fig. 108-109.)*

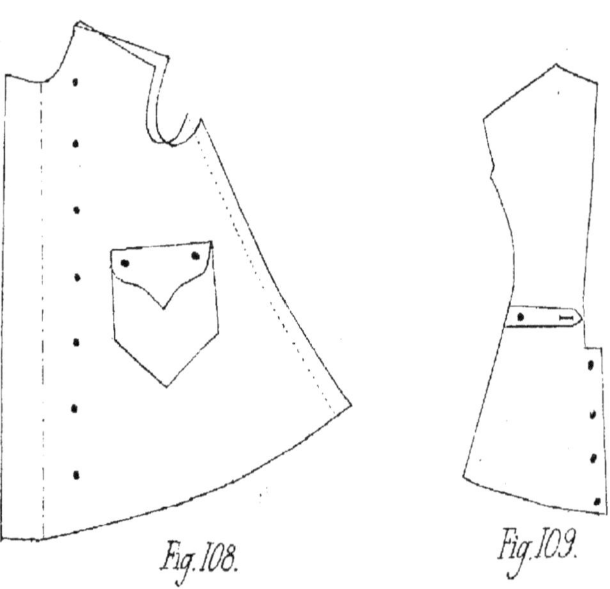

Fig. 108. Fig. 109.

Proportions des Waterprooffs, Imperméables & Rotondes dont les longueurs correspondent aux âges et aux grosseurs.

AGES	GROSSEURS	LONGUEURS
3	29	65
4	30	70
5	31	75
6	32	80
7	33	85
8	34	90
9	35	95
10	36	100
11	37	105
12	38	110
13	39	115
14	40	120
15	41	125
16	42	130

Jupe de la Douillette.

Fig. 110.

Devant de la Douillette.

Fig. 111.

Dos de la Douillette.

Fig. 112.

Pèlerine de la Douillette.

Fig. 113.

Devant du Paletot pour 2 ans.

Fig. 114.

Paletot pour 2 ans.

Fig. 115.

Houppelande pour 2 ans.

Fig. 116.

Dos de la Houppelande pour 2 ans.

Fig. 117.

Autre forme pour Douillettes.

Devant

Fig. 118.

Fig. 119.

Autre Forme de Douillettes.

Dos

Fig. 120.

Pèlerine.

Fig. 113 bis.

MÉTHODE

EXCLUSIVEMENT POUR PETITS GARÇONS DE 3 A 9 ANS

Distinction des vêtements classiques, ou des formes les plus adoptées pour les enfants de 3 à 9 ans

Dans le costume d'enfant, on distingue 4 genres, qui sont :

1° Faux gilet.
2° Court complet.
3° Ecossais ou jupe plissée.
4° La Douillette.

Le faux gilet est la veste ordinaire, avec pantalon court. Le gilet se trouve remplacé par une bande large de 3 centimètres du haut, et 6 centimètres du bas, qui s'adapte au devant de la veste.

Le court complet est le même genre de vêtement, avec cette différence qu'on fait le vrai gilet, et la petite veste doit avoir 6 centimètres de plus de largeur sur le devant, que le faux gilet.

On appelle ordinairement ces deux genres de costumes Petit Matelot.

L'écossais ne se fait généralement que pour les enfants de 3 à 5 ans, c'est une veste à 4 écussons adaptés dans le bas, la jupe tient lieu de pantalon, elle se fait ordinairement à carreaux rouges et noirs, et quelquefois blancs et noirs, se fait aussi en drap très léger, bleu ou maron foncé.

La Douillette se fait pour enfant de 1 à 2 ans, se fait ouatée et piquée. Les figures ci-devant donnent la forme de ce genre de vêtement.

On distingue 4 genres de vêtements qui ne font pas partie du costume.

1° Le pardessus, dont tout le monde connaît la forme.

2° Mac-Farlane.

3° La blouse, avec ou sans ceinture.

4° Le veston, qui se fait 10 centimètres plus long que la veste ordinaire.

La blouse est un vêtement très ordinaire, que l'on fait de 3 manières, la blouse droite avec ceinture, la blouse croisée sans ceinture, et la blouse croisée en biais sur le devant.

La figure 31 apprendra comment on fait le Mac-Farlane, avec le pardessus.

AGES CORRESPONDANT A LA GROSSEUR DE TAILLE

Le costume d'enfant ne se coupe pas par taille, comme le vêtement d'homme, mais par degré d'âge, on commence par 3, 4, 5, 6, 7, 8 et 9 ans.

Cependant on peut faire cette réflexion, qu'un enfant de 4 ans est quelquefois aussi fort de taille qu'un enfant de 5 ans, et qu'un de 5 ans peut être aussi faible qu'un de 4. Quand ces cas se présentent, on coupe le 4 pour le 5, et réciproquement, pour la difficulté opposée, le 5 pour le 4.

Tableau des proportions des dos de 3 à 9 ans

1/2 Grosseurs correspondantes aux âges AGES	1/2 GROSSEURS DU HAUT	LONGUEURS DE TAILLE	CARRURES	LARGEURS DU BAS	LARGEURS DU HAUT DU DOS
3 ans	25	25	13 ½	12	5
4 ans	27	27	14	12 ½	5 ½
5 ans	29	29	14 ½	13	6
6 ans	30	30	15	13 ½	6 ½
7 ans	31	32	15 ½	14	6 ½
8 ans	31	33	16	14 ½	6 ¾
9 ans	32	34	16 ½	15	6 ¾

TRACÉ DU DOS

Pour tracer un dos, comme pour un devant, c'est la 1/2 grosseur dessous bras, qui sert de base.

On doit toujours commencer à couper le dos, toutes les fois que l'on fait un modèle de vêtement quelle que soit la forme, car le dos est un auxiliaire indispensable pour tracer le devant, principalement l'emmanchure et l'encolure.

Arrivons à la démonstration, si nous voulons par exemple faire un dos pour un enfant de cinq ans.

Nous prenons les proportions indiquées par le tableau ci-devant, nous trouvons pour un enfant de 6 ans, 30 centimètres 1/2 grosseur, 30 centimètres égale la longueur de taille (1), en ajoutant 5 centimètres on obtient la longueur totale du dos, de la forme la plus adoptée, c'est-à-dire la forme démontrée par la figure 4, puis nous commençons le tracé par la figure 1.

(1) Pour les enfants bien proportionnés, la 1/2 grosseur égale la longueur de taille naturelle, cependant cette proportion se trouve rarement chez les enfants de 2 à 4 ans, qui sont généralement gros et court de taille.

Fig. 1. — On élève une ligne verticale sur laquelle on applique les 30 centimètres ou 1/2 grosseur plus 4, pour la longueur totale.

Puis on divise cette ligne en deux parties égales, on fait ensuite un point de repère sur A C B, on remonte ensuite d'un centimètre au-dessus du point C, c'est-à-dire que la distance A C n'a plus que 14 centimètres et la distance C B en a 16, de sorte que le premier point devient nul, puis on opère sur les trois points marqués A C B, en tirant une ligne horizontale sur chacun de ces points.

Fig. 2. — On applique les proportions indiquées par le tableau, en commençant par le haut du dos, ligne A K, largeur de carrure, C D, et la largeur du bas, B F ; tous ces points étant préparés ainsi, on tire la ligne K D et la ligne O F.

Fig. 3. — Pour trouver la pointe de l'épaulette du dos, ou le point I de la figure 3, on se place avec le centimètre à l'angle A, on prend 2 centimètres de plus que la largeur de carrure, et on va correspondre à la ligne K D on coupe celle-ci, en décrivant un arc de cercle vers la droite, à la jonction de ces deux lignes on remonte de 2 centimètres, on fait ensuite les courbes et lignes A E, E I, I D O, O F, F R, après avoir dessiné tous ces points, on obtient le résultat donné par la figure 4.

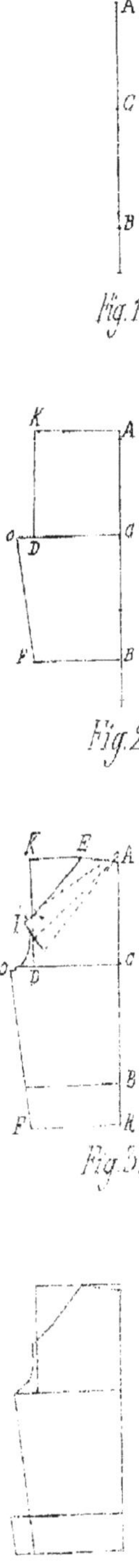

DOS AJUSTÉ OU DOS DE VÊTEMENT A TAILLE

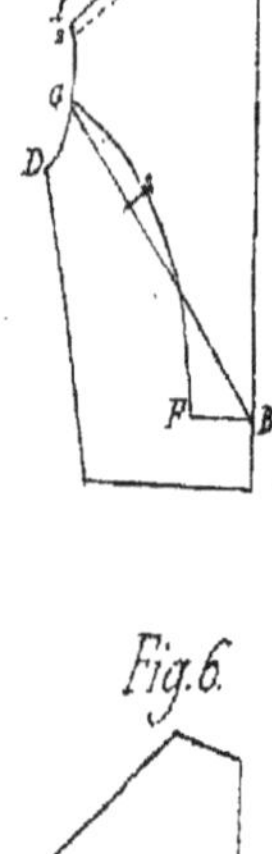

On a vu, dans l'exemple précédent, comment on fait un dos large, c'est-à-dire le dos de vêtement qui n'ajuste, ni ne dessine la taille.

Il n'est pas plus difficile de faire un dos ajusté, soit pour jaquette, veste anglaise ou uniforme.

Nous traçons le dos que nous connaissons déjà, puis on fait les changements suivants : on baisse l'épaulette de 2 centimètres au-dessous du point I, et on remonte de 4 au-dessus du point D, du point D au point C on tire une ligne oblique, au 1/3 de cette ligne, en partant du bas de la carrure, on rentre d'un centimètre, puis on marque les points B F pour la largeur du bas, qui doit avoir environ 5 à 6 centimètres, on dessine ensuite la courbe C F.

Après avoir fait les changements que nous venons d'indiquer, on voit que le dos est entièrement converti en dos de jaquette.

(1) Si l'on voulait faire le dos étroit, sans avoir recours à ce procédé, voyez à la méthode pour dames, pages 20 et 21.

Série de dos de 3 à 8 ans

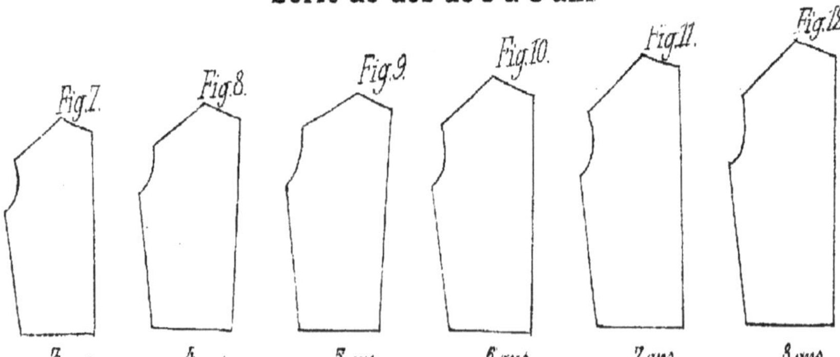

(1) On fait rarement le vêtement à taille pour les enfants, à moins que ce ne soit pour uniforme ou costume de pension.

TRACÉ DU DEVANT

Pour tracer le devant, la manière de procéder est à peu près la même que pour le tracé du dos.

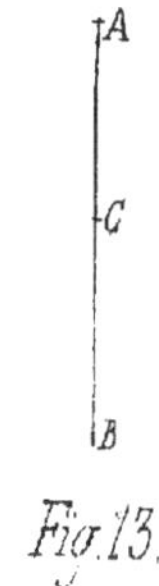

Fig. 13.

On tire une ligne d'aplomb, sur laquelle on applique la 1/2 grosseur dessous-bras, en faisant un point de repère sur le point A, que l'on nomme ordinairement point de départ; on en fait un deuxième sur C au milieu de la ligne, puis un troisième sur B qui sert de limite. *(Fig. 13)*

La figure 14 se continue en tirant une ligne parallèle sur A C B et deviennent lignes A F, C E, B D.

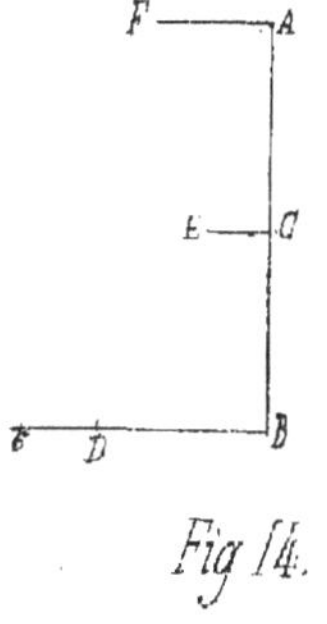

Fig. 14.

Puisque nous avons pris le 6 ans pour base, la ligne d'aplomb aura donc 30 centimètres de longueur, en partant de A à B et 15 centimètres de C à A, et par conséquent 15 de la distance C B, le 1/3 de C B nous donne la profondeur d'emmanchure, E C, et les 2/3 nous donnent la distance A F, ou pointe d'encolure.

On pourrait abréger le calcul en disant : le 1/3 de C B donne 5 centimètres, reste donc les 2/3, c'est-à-dire 10 centimètres, que l'on porte immédiatement sur la ligne A F, la largeur du bas B D s'obtient par la distance C B et la distance E G est égale à E C, ou si l'on préfère 1/3 de A C. Voir les fig: 14.15 Ci-contre.

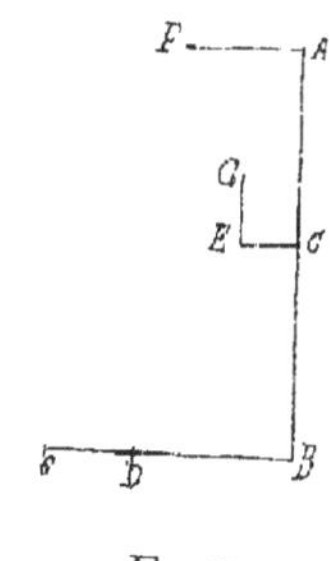

Fig. 15.

TRACÉ DU DEVANT (SUITE)

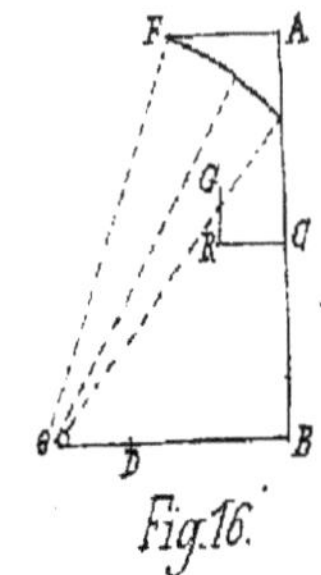

Fig.16.

On continue le tracé par la figure 16 en se plaçant à 6 centimètres en avant du point D, sur la ligne B D avec le centimètre et de la craie, que l'on tient de la main droite, on se place sur le point 6, on va correspondre au point F, étant ainsi placé, on décrit un arc qui dépasse ordinairement la ligne de construction d'un 1/2 centimètre, par ce moyen, l'épaulette se trouve dessinée.

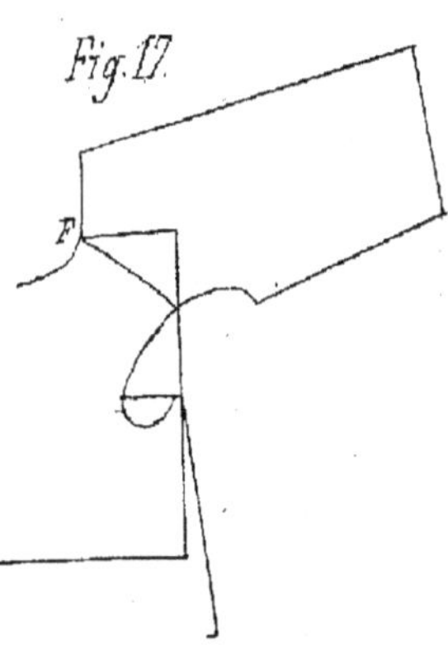

Fig.17.

Fig. 17.—La largeur de l'épaulette se règle avec le dos du côté de l'emmanchure, mais le point F doit rester immuable; on place les deux épaulettes en regard l'une de l'autre, et sans changer le dos de cette position, on dessine l'encolure et l'emmanchure.

Pour donner le creux qui est nécessaire à l'encolure, il suffit de faire un petit trait vertical sur le point F qui varie de 2 à 3 centimètres, on se place ensuite sur le point G avec le centimètre, et on décrit la courbe O P qui a pour but de fixer la largeur de poitrine (1) et en même temps celle de l'encolure.

Fig.18.

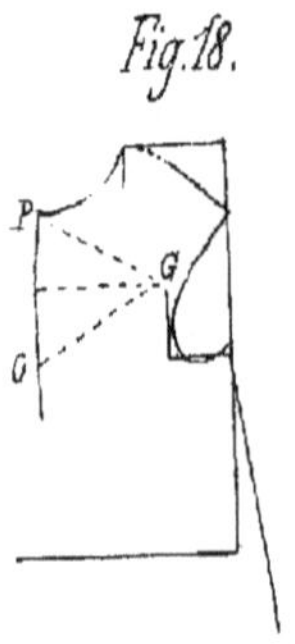

(1) La largeur de carrure, plus 2 centimètres, donne la largeur de poitrine.

On termine le tracé par la figure 18 en allongeant le bas de 5 centimètres, par la distance C I, D R, on prolonge la ligne R I jusqu'à J, c'est-à-dire de 5 centimètres, puis on tire la ligne C J, on dessine le devant et le bas du devant, en passant par les points H D R I J.

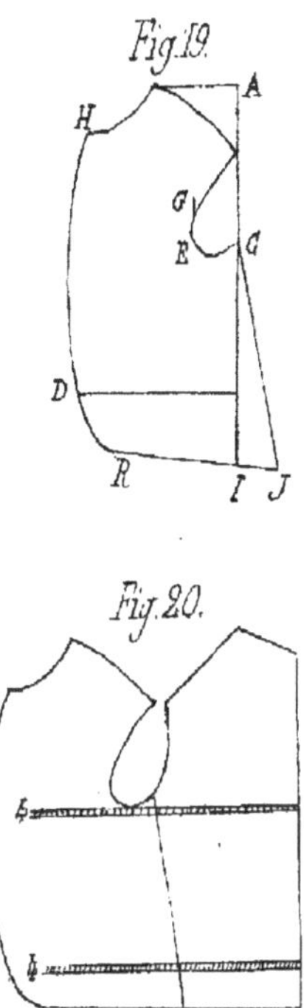

Fig. 19.

Fig. 20.

Pour le devant du faux-gilet, on doit laisser un excédant de 4 centimètres pour le développement, pour le vrai gilet, de 9 à 10 centimètres.

La figure 20 démontre la manière de placer le dos et le devant, pour rectifier les mesures et l'ensemble du patron.

Série de devants de 3 à 9 ans

Fig. 21. Fig. 22. Fig. 23. Fig. 24. Fig. 25. Fig. 26. Fig. 27.

COMMENT ON TRACE LE PARDESSUS

Pour le pardessus, comme pour tout autre genre de vêtement, nous ne changeons pas notre manière de procéder. Cette manière de pratiquer offre de grands avantages, en ce sens, qu'on n'est pas obligé de changer de tracé à chaque fois que l'on change de genre de vêtements, tels que veston, jaquette, pardessus, macfarlane, (voire même la blouse.)

Les lignes et les points sont toujours les mêmes, on élargit ou on allonge, mais sans rien changer du tracé ordinaire.

Si, par exemple, on voulait faire un pardessus pour un enfant de six ans, on prendrait le patron de la veste *(fig. 22)* de l'âge de huit ans (1), et si on ne l'avait pas, on l'établirait comme nous l'avons démontré, et on verra par ce moyen combien il est facile de créer des patrons de pardessus.

Fig. 28.

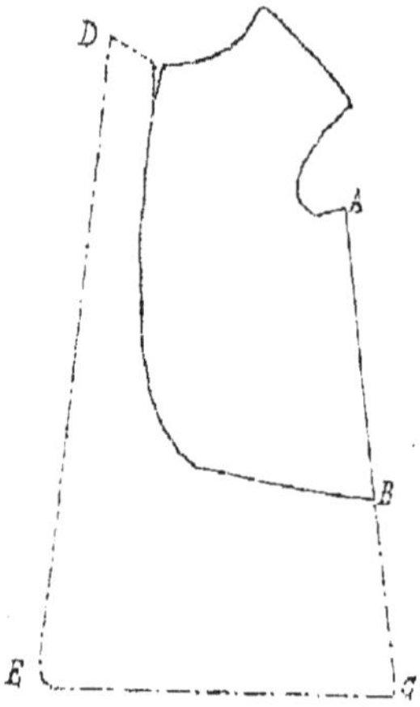

D A B E C

Portez-vous à la figure 28, appliquez une règle sur la ligne A B, la règle étant ainsi placée, prend l'inclinaison de la ligne ponctuée B C.

On ajoute 6 centimètres sur le devant pour le pardessus droit, et 10 centimètres pour le pardessus croisé ; on aura soin de laisser 2 fort centimètres sur le côté du devant, ligne A C, en cas de besoin pour élargir.

(1) On doit toujours prendre deux âges plus forts ou 5 centimètres de plus que porte l'enfant pour qui on doit couper.

TRACÉ DU DOS DU PARDESSUS

La manière de tracer le dos du pardessus est à peu près la même que pour le devant. Nous prenons le dos de veste de l'âge de 8 ans et on prolonge la ligne A B jusqu'à C, longueur totale du dos, on tire une ligne parallèle sur le point C, on applique sur cette ligne la largeur du bas du dos, qui doit avoir en moyenne 20, 22, 24 ; lorsque la largeur du bas du dos est limitée, on tire une ligne droite à la règle, du bas de la carrure, point D jusqu'au point E.

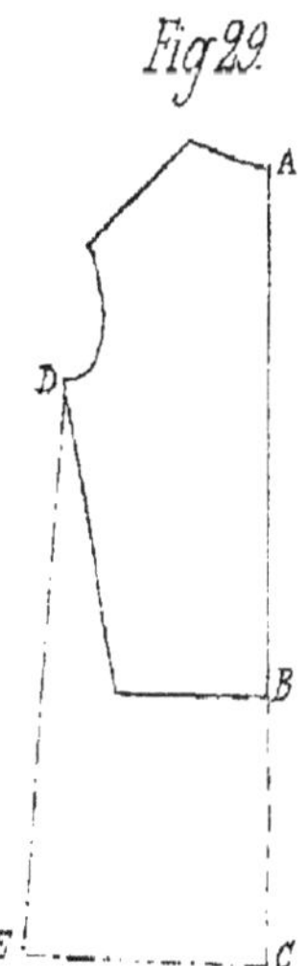

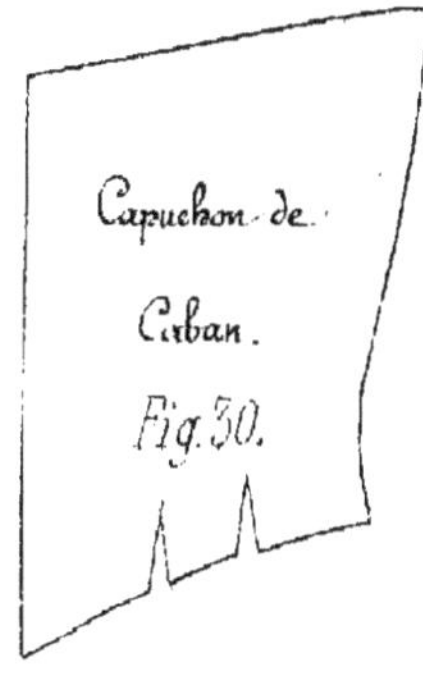

TRACÉ DU MACFARLANE

Bien des personnes se figurent que le macfarlane est plus difficile à couper qu'un autre vêtement, parce que c'est étoffé et volumineux. C'est une erreur, car le macfarlane n'est ni plus ni moins que le pardessus modifié, et cette modification se fait ainsi : on prend le modèle du pardessus et on y fait les changements que la figure 31 indique. On agrandit l'emmanchure, en la baissant de 7 centimètres pour les tailles 6, 7, 8, et de 9 à 10 centimètres pour les tailles de 9, 10, 11 et 12 ans.

L'épaulette se réduit de 3 à 4 centimètres de largeur du côté de l'encolure, on trace l'emmanchure et le côté du devant en passant par les points A B C, pour l'emmanchure, et par les points C D pour le côté du devant.

La figure 32 démontre facilement la manière de convertir le dos du pardessus en dos de macfarlane, tel que la figure 34 le représente; le même principe peut s'appliquer pour tracer la pélerine, que pour le dos, c'est-à-dire que l'on prend le dos du macfarlane. On a plus de facilité par ce moyen, soit pour tracer l'encolure, soit que les proportions se trouvent plus en rapport de la taille que l'on coupe. *(Voyez la fig. 33.)* La distance B C doit avoir 16 centimètres pour une taille moyenne, c'est-à-dire pour l'âge de 6 ans et l'on augmenterait ou l'on diminuerait de 2 centimètres cette distance, si la taille se trouvait plus ou moins forte.

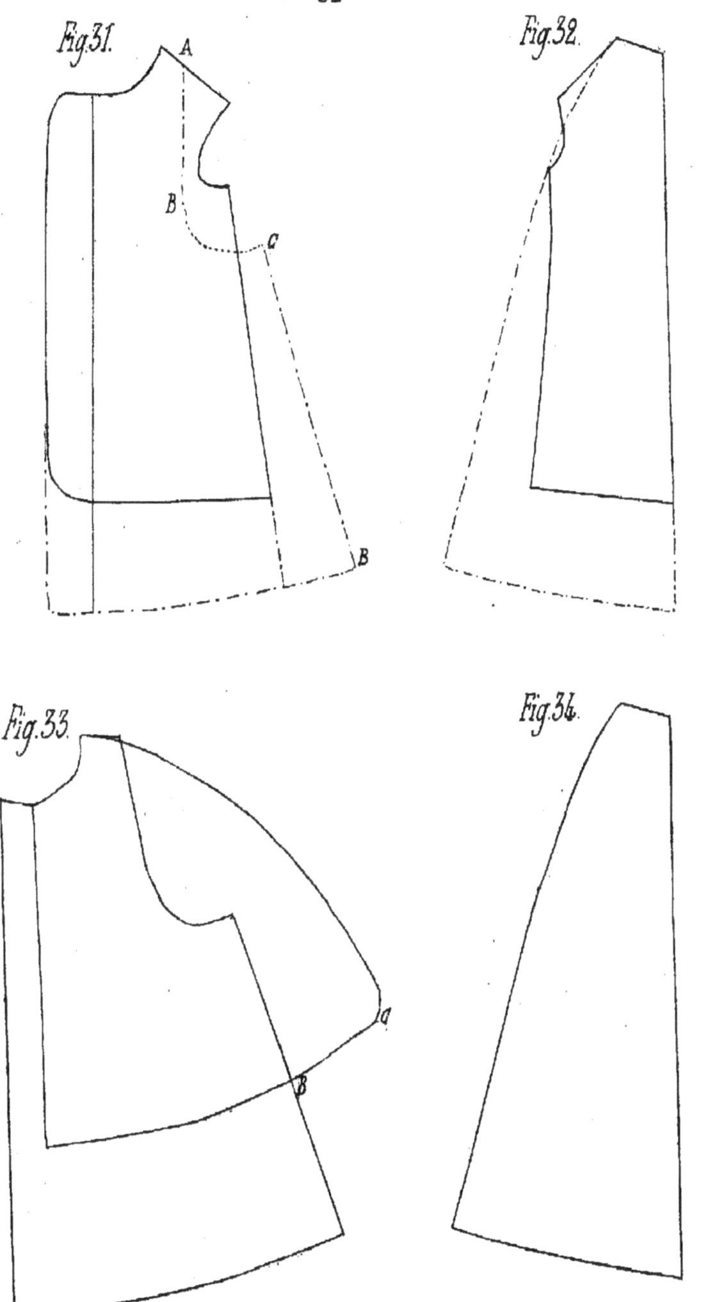
Fig.31.
A
B
C
B
Fig.32.
Fig.33.
a
B
Fig.34.

TRACÉ DE LA BLOUSE DE PETIT GARÇON

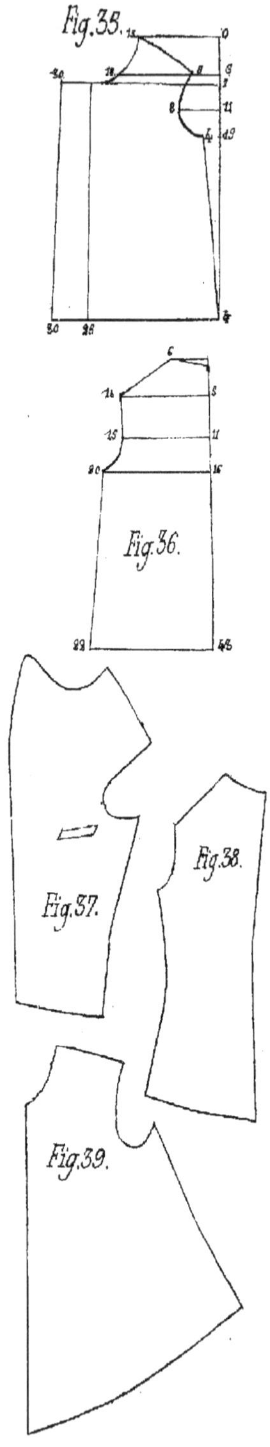

Fig. 35. Fig. 36. Fig. 37. Fig. 38. Fig. 39.

La blouse se fait avec le modèle de veste ordinaire, seulement on la fait de 6 centimètres plus large, et 10 à 12 centimètres plus longue. *(Voir la figure 35.)*

La blouse se fait croisée ou droite, mais le plus souvent croisée avec deux rangs de boutons, et se fait avec ceinture, que l'on coupe sur 65 à 70 de long et 4 centimètres de large. *(Voyez la fig. 42.)*

Le col se fait avec poignet ou col rabattu, on doit éviter autant que possible de faire une couture dans le milieu du dos, la blouse se fait aussi croisée en biais sur le devant, les longueurs ordinaires de ce genre de vêtement se font sur les proportions suivantes :

Ans	Ans	Ans	Ans	Ans	Ans	Ans
3	4	5	6	7	8	9
40	43	46	49	52	55	58

Les figures 37, 38 et 39 forment l'ensemble de la blouse croisée, la figure 37 représente le côté gauche, et la figure 39 représente le côté droit, le dos, comme on le voit, ne diffère pas du dos du paletot.

La figure 41 représente les deux devants réunis, comme ils doivent être placés étant finis.

Il serait prudent lorsqu'on coupe ce genre de blouse, de couper le devant droit et le devant gauche séparément, car il pourrait arriver des erreurs en les coupant, c'est-à-dire que l'on pourrait couper le devant droit pour le devant gauche, et réciproquement.

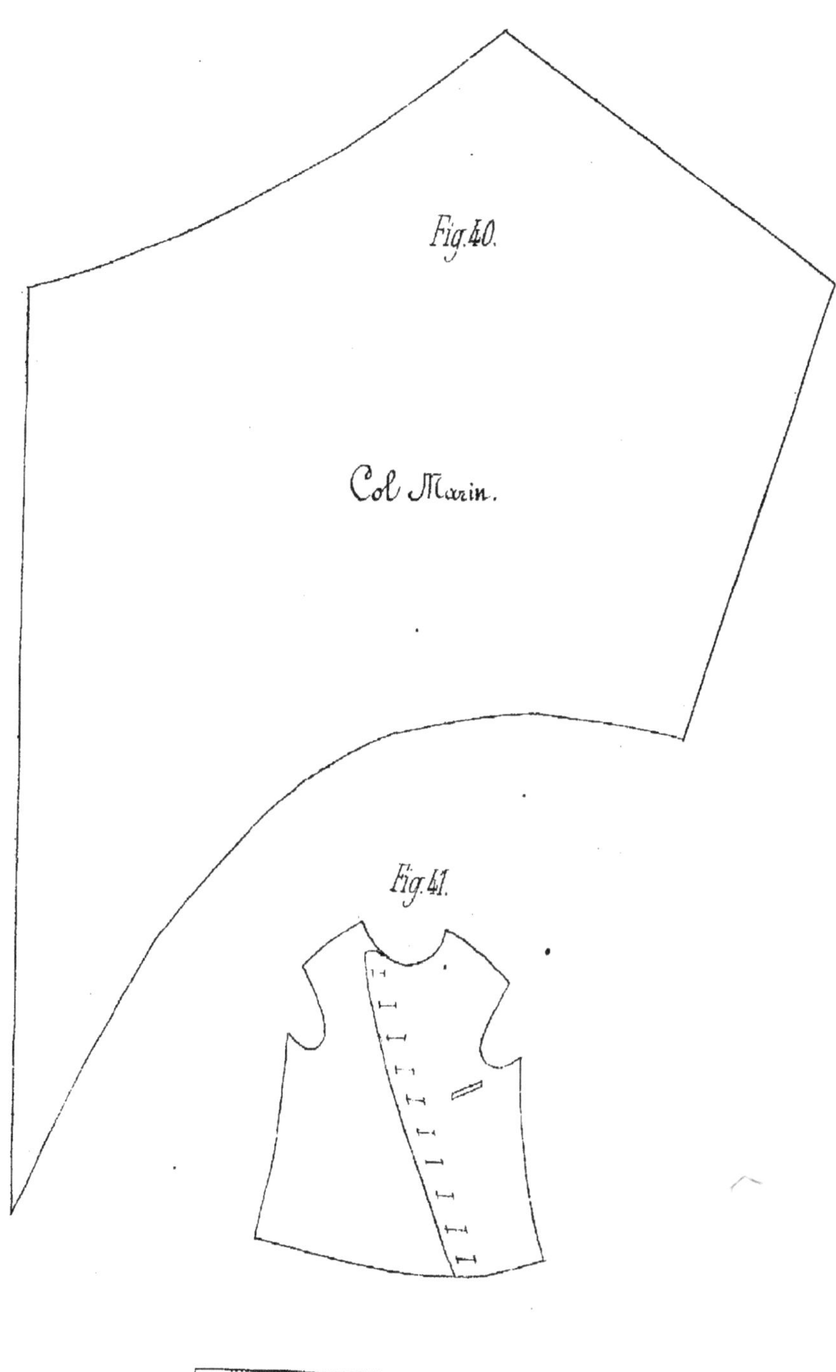

Fig. 40.

Fig. 41.

Fig. 42.

COSTUME MARIN

Le costume marin, qui se fait depuis quelques années pour les petits garçons, et qui a un certain cachet, nous fait pressentir qu'il se portera encore longtemps et qu'il deviendra même vêtement classique. C'est pourquoi nous avons jugé à propos d'en donner un patron qui se compose de la figure 43 dos, et de la figure 44, devant. La figure 40 nous donne la forme du col, et la figure 45 est aussi un col, mais pour une encolure évasée, c'est-à-dire pour former le châle.

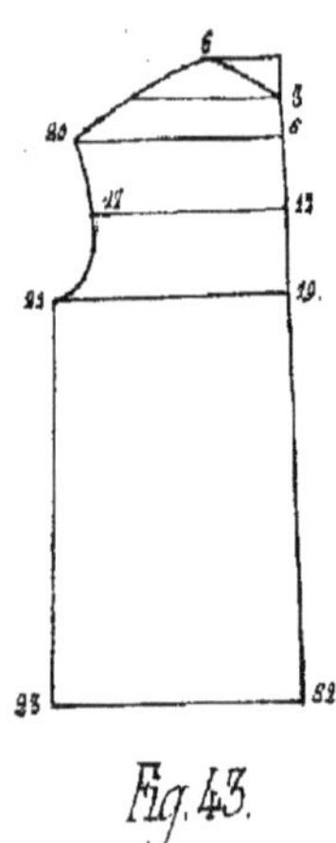

Fig. 43.

Comme forme de pantalon, on fait généralement le pantalon élastique, démontré à la page 90 *(fig. 6 et 7)*. Le pantalon court ordinaire se fait aussi, mais il est moins gracieux que le pantalon élastique pour aller avec ce genre de vêtement.

Fig. 45.

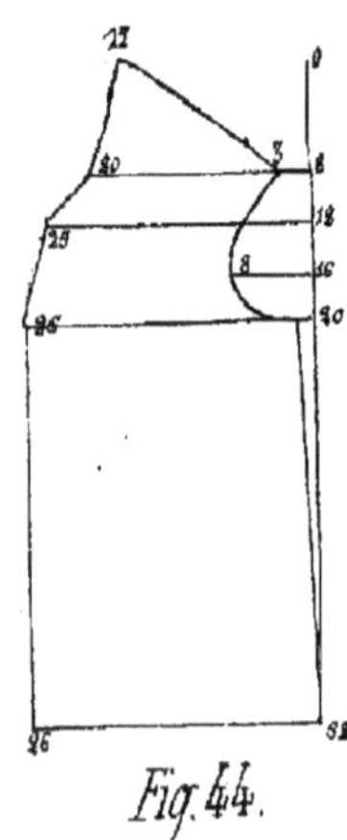

Fig. 44.

COSTUME A JUPE PLISSÉE

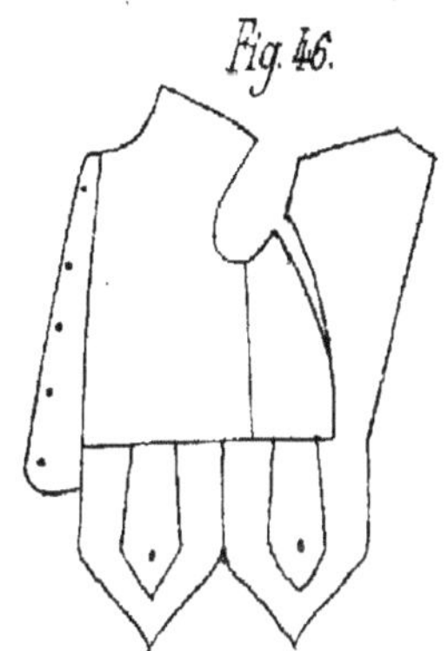
Fig. 46.

La jupe plissée en écossais doit se couper en biais, comme c'est démontré à la figure 47, en tirant les lignes diagonales A E, B D, E C.

La jupe plissée en drap ou en tout autre tissu uni, se coupe en droit fil, et doit avoir de 3 mètres 50 à 3 mètres 60 d'ampleur.

Hauteurs proportionnées des jupes

Ans	Ans	Ans	Ans	Ans
2	3	4	5	6
38	40	42	44	46

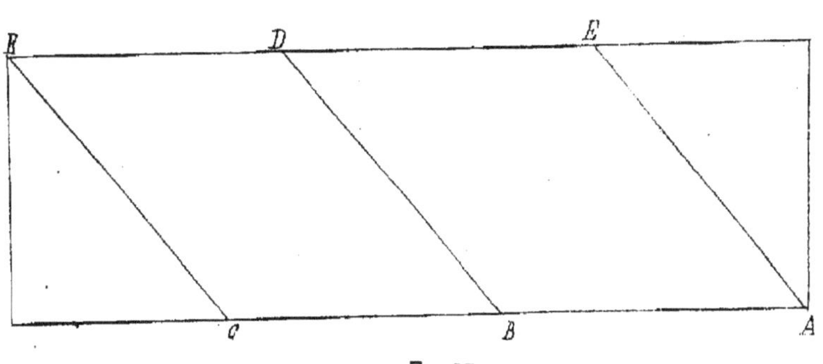

Fig. 47.

TRACÉ DU PANTALON COURT

Quatre mesures suffisent pour couper le pantalon court, dont nous allons nous occuper.

Mesures

1° Longueur de côté.
2° Entre-jambes.
3° 1/2 grosseur de ceinture.
4° Largeur du bas.

La longueur de côté pour le pantalon court, ne doit pas excéder le gros du mollet, et la mesure d'entre-jambes ne doit pas dépasser l'endroit où on s'est arrêté pour la mesure de côté, parce qu'alors la mesure d'entre-jambes deviendrait fausse, et suffirait pour faire mal couper.

Dans le cas où l'on s'apercevrait d'une erreur, c'est-à-dire que les mesures ne seraient pas en rapport entre elles, nous avons disposé un tableau des proportions, qui sera d'une grande utilité, pour se rendre compte de la différence qu'il y a, d'une mesure à une autre, dans le cas où on aurait fait erreur, soit en prenant mesure, soit en faisant le tracé, voyez ci-après.

TRACÉ DU DEVANT

Nous prenons pour base la taille de 6 ans, en cherchant à la première colonne, on trouve, à la 4e case, âge 6 ans. Nous trouvons dans la colonne horizontale les mesures, longueur de côté 48, longueur d'entre-jambes 31, grosseur de ceinture 32, largeur totale du bas 32, et 5 1/2 pour la pointe d'enfourchure.

Nous commençons le tracé en tirant une ligne verticale, on fixe les deux extrémités de cette ligne, par les lignes A O et B D, on applique ensuite la longueur de côté et celle d'entre-jambes, qui nous donne la distance E D, et on tire la ligne E F, que l'on prolonge de 7 centimètres environ en dehors de la ligne O B.

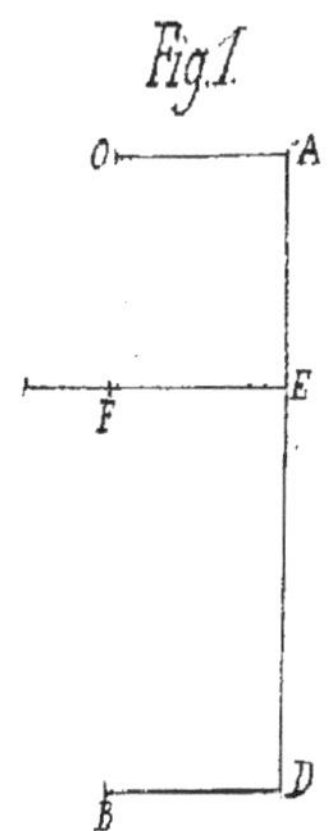

Tableau des mesures proportionnées

AGES	1re PROPORTION Longueur de côté	2me PROPORTION Longueur d'entre-jambes	3me PROPORTION 1/2 grosseur de ceinture	4me PROPORTION Largeur du bas	5me PROPORTION Pour former l'enfourchure
3	40	24	30	30	4 1/4
4	42	26	31	31	4 1/2
5	46	28	31	32	5
6	48	31	32	33	5 1/2
7	50	33	33	33	6
8	52	36	35	34	6 1/2

TRACÉ DU DEVANT (SUITE)

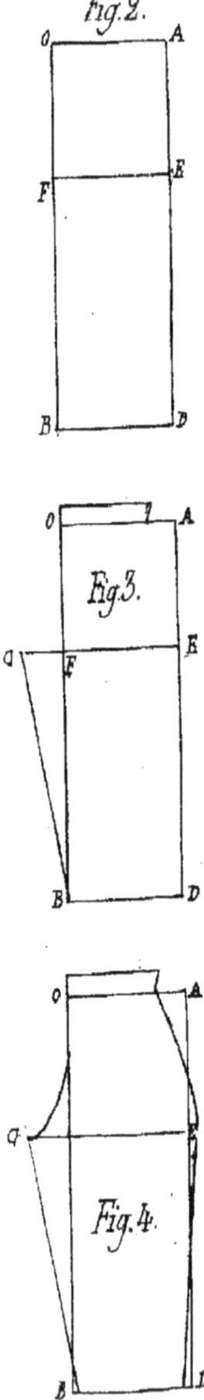

Pour la pointe d'enfourchure, on fixe les distances A C, B D, par le 1/4 de la grosseur totale de ceinture.

Exemple : nous avons pris pour base la taille de 6 ans, en cherchant dans le tableau des proportions, on trouve à la 3e colonne, grosseur de ceinture 32, nous disons alors que la moitié de 32 est de 16, qui donne la distance A C, E F, B D, la distance E F ou ligne ; cette ligne nous est indispensable pour la construction du devant, en ce sens, qu'elle nous sert à marquer le montant du devant, et fixe en même temps la longueur d'entre-jambes, elle nous est aussi d'un grand auxiliaire pour la construction de l'enfourchure.

Après avoir disposé le tracé comme à la figure 2, il s'agit d'établir des données pour former l'enfourchure ; ces données on les trouve en prenant le 1/3 de la distance E F, et si l'on veut éviter tous calculs, voyez dans le tableau des proportions, à la 5e colonne, vous y trouverez préparé pour tous les âges toutes les proportions nécessaires, disons enfin que lorsqu'on a obtenu le 1/3 de la distance F E, on porte ce 1/3 à l'angle F et au point C, la distance C F est pour former l'enfourchure comme il est démontré à la figure 4. On dessine ensuite le devant du pantalon, en rentrant à l'angle A de 4 centimètres, on ressort au point E de 2 centimètres et on rentre au point B d'un centimètre. On tire la ligne C B, puis on termine le tracé comme à la figure 4.

TRACÉ DU DERRIÈRE DU PANTALON

Le tracé du derrière se fait à l'aide du devant, supposons que nous voulons couper un pantalon pour un enfant de six ans, nous prenons le patron du devant six ans, que l'on aura eu soin de couper d'avance, et l'on place sur le papier que l'on veut tracer le derrière, ou sur l'étoffe, puis on tire les trois lignes A D, E B, F C. *(Fig. 5.)*

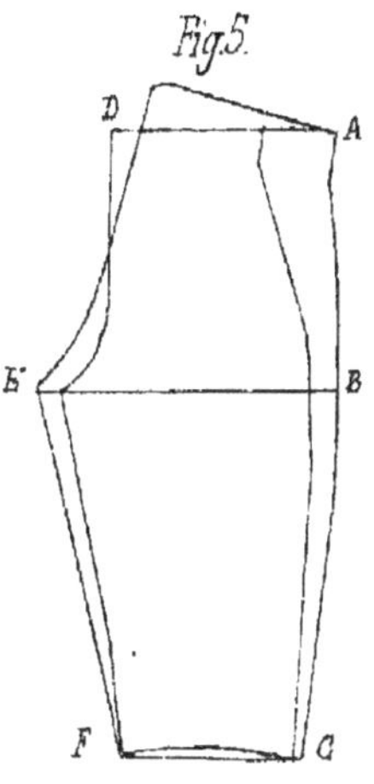

Ces trois lignes tirées, le devant doit rester *immuable*, afin que rien ne soit changé à l'aplomb du devant, puis on marque des points aux endroits que nous allons désigner par lettre.

Nous rentrons à l'angle D de 2 centimètres au moins et de 3 centimètres au plus, puis on mesure la largeur du haut du devant, on porte cette mesure sur le point D, et on continue à mesurer jusqu'au point A, jusqu'à concurrence de la 1/2 grosseur de ceinture, soit 32 centimètres. Il est bien entendu que l'on devra tenir compte des coutures et des garnitures, qui absorbent de 4 à 5 centimètres.

Sur la ligne B, on ressort du devant de 2 à 3 centimètres, on dessine ensuite le côté du derrière en passant par les points A B C, la pointe ou fourche du derrière se développe de 3 centimètres quelle que soit la taille, après quoi on décrit la courbe D E, on tire la ligne E F, pour la couture d'entre-jambe, pour que l'on soit bien convaincu que nos proportions sont bien graduées, voyez le tableau *(Page 87)*.

PANTALON ÉLASTIQUE

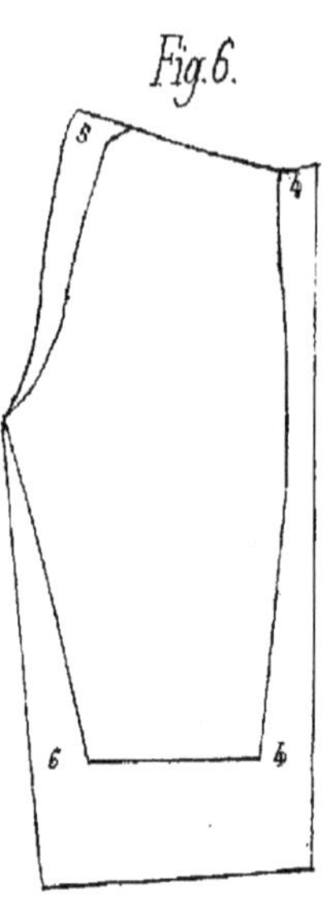

Le pantalon élastique ou pantalon froncé, peut se couper avec le patron ordinaire, on laisse un excédant de 8 à 10 centimètres de longueur dans le bas, et de 10 à 12 centimètres de largeur; cette largeur *(fig. 6)* doit être reportée un peu sur le devant et un peu sur le derrière, sur le côté et à l'entre-jambe. Si l'on voulait faire une ceinture à élastique, on devra faire subir un changement analogue à celui du bas.

C'est-à-dire que l'on mettrait 25 à 30 centimètres en plus de largeur, pour cela on ne devra rien abattre à l'endroit des hanches qui doit rester droit. L'élastique que l'on met dans la ceinture ne doit pas avoir plus du 1/3 de la grosseur totale.

Le fond du tracé des figures 6 et 7 représente le pantalon ordinaire avec le changement que l'on doit lui faire subir pour obtenir le pantalon élastique.

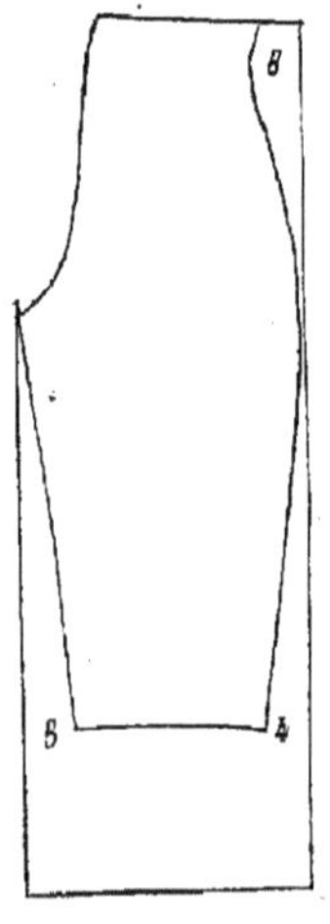

GILET D'ENFANT

Fig.8.

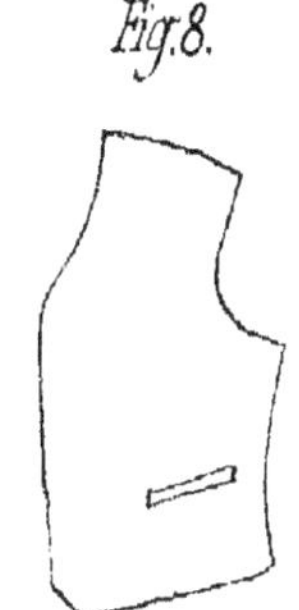

Pour couper le gilet de petit garçon on emploie le même procédé que l'on se sert pour la veste ordinaire, en modifiant comme l'indiquent les figures 8 et 9.

Dans le cas où on serait obligé de créer des patrons, on peut se servir des proportions ou mesures indiquées ci-dessous.

Fig.9.

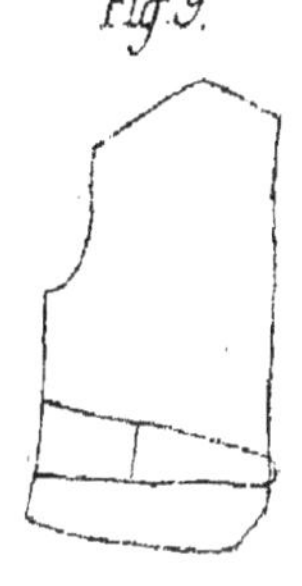

Tableau des proportions du gilet

AGES	LONGUEURS du DEVANT	LONGUEURS DE DOS	GROSSEUR de CEINTURE	GROSSEUR sous-BRAS
4	42	26	26	26
5	44	27	27	28
6	46	28	28	29
7	48	30	29	30
8	50	31	30	32

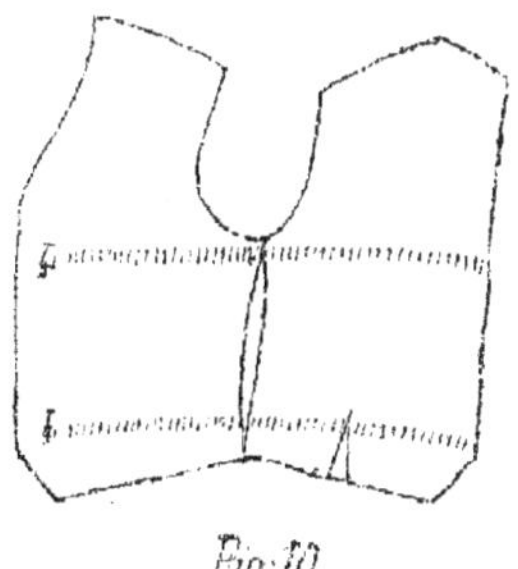

Fig.10.

Métrage et emploi des fournitures du paletot plissé derrière, uni devant, col marin

Largeur d'étoffe	1m30
Emploi.	1m30
Doublure	1m20
Mousseline.	1m50
Boutons	(18)

Jupe plissée tout autour, veste détachée

Largeur d'étoffe.	1m30	Ampleur jupe	3m60
Emploi	2m50		
Galon.	6m		
Satin de chine	60c		
Ruban de taille.	90c		
Boutons de corsage.	(12)		
Doublure fantaisie, manches . .	80c		

Emploi du faux gilet de garçon — **Emplois d'étoffes pour le costume avec gilet**

AGES	EMPLOIS		AGES	EMPLOIS	LARGEUR DU TISSU 130
3	105		3	120	
4	110		4	125	
5	115		5	130	
6	120		6	135	
7	130		7	135	
8	135		8	140	
9	140		9	145	

Emploi des fournitures

Doublure	1m80	2m50
Toile	60c	60c
Bougran	50	80
Boutons	24	30
Galons	5m00	6m50
Boucle	(1)	(2)
Percaline	30c	60c

Emploi d'étoffes pour le pardessus de 3 à 9 ans (garçon)			Emploi d'étoffes pour le macfarlane de 3 à 9 ans			
AGES	EMPLOIS	LONGUEURS	LARGEUR DU TISSU	AGES	EMPLOIS	LONGUEURS
3	100	55	1.20	3	105	55
4	105	58		4	110	60
5	110	60		5	115	65
6	120	64		6	125	70
7	130	66		7	135	75
8	135	68		8	145	80
9	140	70		9	160	82

Emplois des fournitures

Doublure intérieure, une fois la hauteur, toile 80c

Doublure de manches, suivant la longueur, percaline noire 40c

HOUPPELANDE

AGES	LONGUEURS	EMPLOIS
1	45	80
2	50	90
3	55	95
4	60	100
5	65	110
6	70	120
7	75	130
8	80	140
9	85	150
10	90	160
11	95	170
12	100	190
13	105	200
14	110	210
15	115	220

La houppelande avec col, parements et pattes, emploie 15 centimètres de plus que les métrages annoncés.

Emploi de l'étoffe de l'Archiduc ou forme Louis XV

LONGUEURS	EMPLOIS
40	80
45	100
50	115
55	120
60	140
65	150

(Garçon.) Blouse croisée en biais à ceinture et pantalon, le tout en velours

(Largeur, 50 centimètres)

Emploi 3m80 (Age, 8 ans)

En drap largeur 1m20 1m50

bordé et soutaché à deux rangs.

ROTONDES

AGES	LONGUEURS	EMPLOIS
3	60	150
4	65	160
5	70	170
6	75	180
7	80	190
8	85	200
9	90	210
10	95	220
11	100	230
12	105	240
13	110	250
14	115	260
15	120	270
16	125	280

La rotonde emploie généralement deux fois la longueur, plus 30 centimètres.

La rotonde se fait avec ou sans capuchon.

JAQUETTES DE VELOURS

AGES	LONGUEURS	LARGEUR DU TISSU 50 cent.	EMPLOIS
8	48		305
9	50		310
10	52		315
11	54		325
12	56		330
13	58		340
14	58		350
15	60		360

Emploi des fournitures en prenant la moyenne

Faille en biais 65c

Lustrine, même quantité que de tissu.

Ces jaquettes sont ouatées, piquées, doublées de lustrine.

HOUPPELANDES DE VELOURS

AGES		LONGUEURS		EMPLOIS	EMPLOIS DE LUSTRINE		FAILLE EN BIAIS
2		45		310	410		40
3		50		315	415		45
4		55		325	420		50
5		60		330	425		55
6		65		330	430		55
7		70		340	435		60
8		75		360	440		60
9		80		380	470		70
10		85		420	490		80
11		90		450	530		90
12		95		490	560		100
13		100		530	590		120
14		105		560	650		130
15		110		600	740		140
16		115		650	790		150

La houppelande de velours se fait ouatée, avec passant ou biais de faille.

Emplois et longueurs de la pélerine ou petite Rotonde

AGES	LARGEUR DU TISSU 1m20	LONGUEURS	EMPLOIS
7		36	50
8		36	50
9		38	55
10		40	55
11		42	60
12		44	60
13		46	60
11		48	65
15		50	65
16		52	70

Les tailles au-dessous de 40 centimètres de long peuvent se faire sur 50 centimètres. 1/2 largeur du tissu.

Emplois d'étoffes pour waterprooff et autres formes de confections en imperméables

AGES	LONGUEURS		MAC-FARLANE A CAPUCHON	LARGEUR 1m40	PALETOT-PÈLERINE		PALETOT-PÈLERINE A CAPUCHON
3	60		105		115		140
4	65		115		130		150
5	70		125		140		160
6	75		130		150		170
7	80		140		175		200
8	85		150		190		215
9	90		190		230		230
10	95		210		245		250
11	100		220		265		260
12	105		230		300		280
13	110		250		320		310
14	115		270		330		350
15	120		280		340		360
16	125		290		350		370

Tous ces tableaux sont faits sur des données très justes, mais ces métrages peuvent varier selon la largeur.

TABLE

www.ingramcontent.com/pod-product-compliance
Lightning Source LLC
LaVergne TN
LVHW050421160826
845677LV00002BA/466

* 9 7 8 2 3 2 9 7 4 9 3 4 1 *